기독교문서선교회 (Christian Literature Center: 약칭 CLC)는 1941년 영국 콜체스터에서 켄 아담스에 의해 시작되었으며 국제 본부는 미국 필라델피아에 있습니다. 국제 CLC는 59개 나라에서 180개의 본부를 두고, 약 650여 명의 선교사들이 이동도서차량 40대를 이용하여 문서 보급에 힘쓰고 있으며 이메일 주문을 통해 130여 국으로 책을 공급하고 있습니다. 한국 CLC는 청교도적 복음주의 신학과 신앙서적을 출판하는 문서선교기관으로서, 한 영혼이라도 구원되길 소망하면서 주님이 오시는 그날까지 최선을 다할 것입니다.

추천사 1

김도인 목사
〈아트설교연구원〉 대표, 『설교는 글쓰기다』, 『설교를 통해 배운다』의 저자

'허함'을 '충만함'으로 바꾸고, '낙심'을 '희망'으로 바꿀 수 있다면 보화도 아끼지 않을 것입니다. 그것이 책이라면 더할 나위 없습니다. 이것이 설교집이라면 금상첨화입니다.

글은 세 가지가 필요합니다. 논리, 감동, 낯설음입니다. 이 세 가지가 모두 들어 있는 책이 이재영 목사의 『동행의 행복』입니다.

세상은 우리에게 같이 가자고 하지만, 하나님은 우리에게 같이 가자고 수천 번 말씀하셨습니다. 이젠 우리가 하나님께 같이 가자고 졸라야 합니다. 이 책은 우리가 하나님과 같이 갈 수 있는 길, 방향, 방법을 제시해 줍니다.

혼자 가면 외롭습니다. 같이 가면 기대가 됩니다. 하나님과 같이 가면 더할 나위 없는 축복입니다. 이 축복의 길을 같이 가자고 하나님께서 당신에게 손을 내미십니다.

설교집 『동행의 행복』을 손에 잡는 순간 '불안함'이 '평안'으로, '망설임'이 '당당함'으로 바뀔 것입니다. 이 책을 손에 쥐었다면 읽어 소화될 때까지 놓을 수 없게 만드는 마법이 있기 때문입니다.

추천사 2

박 병 열 목사
장유소망교회 담임, 『말씀으로 살아가는 삶을 꿈꾸라』 저자

이재영 목사는 교인들에게 행복 바이러스를 퍼뜨리는 설교자입니다. 그 원동력은 매일의 독서와 매일의 성경 묵상과 매일의 글쓰기에서 나옵니다. 새벽예배의 말씀을 전할 때도 3시간 이상을 준비합니다. 이재영 목사의 설교는 깊은 강물과 닮았습니다. 깊은 강물은 소리가 없지만 흐르는 힘이 큰 것 같이, 그 설교는 심령을 움직이는 큰 힘이 있습니다. 그뿐만 아니라 교인들에게 골바람과 같은 공감을 일으킵니다. 설교를 듣는 교인들이 환희 혹은 눈물이 없이 들을 수 없기 때문입니다.

이재영 목사의 첫 번째 책 『말씀이 새로운 시작을 만듭니다』를 읽으면서 큰 은혜와 감동을 받았습니다. 두 번째 책인 『동행의 행복』은 더 큰 울림을 줍니다. 왜냐하면, 말씀을 붙잡고 에녹과 같이 하나님과 동행하며 성도들에게 전한 메시지이기 때문입니다. 지식이 아니라 살아온 삶의 메시지이기에 책을 읽는 모든 이에게 더 폭포수와 같은 놀라움을 줍니다. 저는 이재영 목사의 두 번째 책 출간을 진심으로 축하하며 독자들에게 일독할 것을 기쁨으로 추천합니다.

추천사 3

오세원 목사
은성교회 담임, 전 대구기독교총연합회 회장

한 권의 책을 읽어야 한다면 저는 이재영 목사의 설교집을 읽기를 권합니다. 왜냐하면 제가 한 권의 책을 읽어야겠다고 생각할 때 이 책을 가장 읽고 싶기 때문입니다. 저뿐만 아니라 주위 교인들에게 읽히고 싶은 책이기도 합니다. 또다시 저를 행복하게 해 줄 책인『동행의 행복』을 출간한다니 벌써 설렘이 있습니다.

이재영 목사는 이 책에서 하나님과의 동행하는 신앙생활은 곧 하나님의 사람을 만드는 것이라고 이야기합니다. 또한, 하나님의 사람이 되게 하는 방법을 세 가지로 정리합니다. '동행,' '믿음,' '순종'입니다.

이재영 목사는 한 영혼 한 영혼을 귀하게 여기면서 행복한 목회를 하고 있습니다. 설교로 지역사회에 신선한 바람을 일으키고 있습니다. 이렇게 최선을 다하는 성실한 후배 목사가 교인들 마음을 훔친 설교를 책으로 엮어 출판합니다. 이 책은 목사뿐만 아니라 교인들도 쉽게 접근할 수 있게 해 줍니다. 신앙생활을 어떻게 해야 하는지 선명하게 가르쳐 주기에 설교자나 교인들에게 꼭 읽어보기를 추천합니다.

추천사 4

최형만 전도사
거룩한빛광성교회, 전 개그맨

행복학에서는 "물질을 구매하는 것보다 체험을 구매할 때 더 행복하다"라고 말합니다. 이 말은 소유에서 오는 기쁨보다 체험과 경험이 더 행복하다는 말입니다. 체험과 경험 없는 삶은 행복하지 않다는 말로 들립니다. 신앙은 소유가 아닙니다. 예수님을 인격적으로 만나고 체험하는 것입니다. 그럴 때 진짜 행복을 경험할 수 있습니다.

경험을 선물하는 특별한 물건이 있는데, 바로 '책'입니다. 이번에 이재영 목사님께서 펴낸 책은 바로 신앙의 체험을 선물하는 책입니다. 신앙인이 앞으로 나가려면 아픔이 있어야 합니다. 깨우치려면 깨져야 합니다. 돌아가려면 되돌아봐야 합니다. 경험하려면 읽어야 합니다. 체험하려면 만나야 합니다. 행복하려면 이 책을 집어 들어야 합니다. 그리고 고백해야 합니다. "내가 행복하려면 먼저 '항복'해야 한다"고 말입니다.

이 책을 읽는 내내 행복이 밀려옵니다. 희미해진 기도가 굵어집니다. 잠의 파도가 사랑의 풍랑으로 바뀝니다. 물질을 구매할 때보다 주님을 체험하고 경험하니 참 행복해집니다. 여러분들도 저와 같은 체험을 하는 기회를 드리고자 기쁜 마음으로 추천합니다.

동행의 행복

Happiness of companionship
Written by Lee Jae Young
All rights reserved.
Korean Edition Copyright ⓒ 2018 by Christian Literature Center, Seoul, Korea

동행의 행복

2018년 11월 16일 초판 발행

지은이　｜ 이재영

편집　　｜ 곽진수, 정혜경
디자인　｜ 서민정, 신봉규
펴낸곳　｜ (사)기독교문서선교회
등록　　｜ 제16-25호(1980.1.18)
주소　　｜ 서울특별시 서초구 방배로 68
전화　　｜ 02-586-8761~3(본사) 031-942-8761(영업부)
팩스　　｜ 02-523-0131(본사) 031-942-8763(영업부)
이메일　｜ clckor@gmail.com
홈페이지｜ www.clcbook.com

ISBN　978-89-341-1887-9 (04230)
ISBN　978-89-341-1825-1 (세트)

이 도서의 국립중앙도서관 출판시 도서목록(CIP)은
서지정보유통지원시스템 홈페이지(http://seoji.nl.go.kr)와 국가자료공동목록시스템
(http://www.nl.go.kr/kolisnet)에서 이용하실 수 있습니다. (CIP제어번호: CIP2018032597)
이 책의 저작권은 저자와 (사)기독교문서선교회가 소유합니다.
신저작권법에 의하여 한국 내에서 보호받는 저작물이므로 무단 전재와 무단 복제를
금합니다.

아트설교 시리즈 **5**

동행의 행복

신앙생활은 하나님과의 동행입니다

이 재 영 지음

CLC

목차

1 _ 추천사(김도인 목사/박병열 목사/오세원 목사/최형만 전도사)

10 _ 저자 서문

제1부 | 동행이 하나님의 사람을 만듭니다

15   1. 함께 가면 끝까지 갈 수 있습니다

31   2. 동역은 나와 우리를 만듭니다

46   3. 동행은 한 방향을 향해 가는 것입니다

59   4. 연결의 파트너가 되어야 합니다

73   5. 함께 하면 한계를 뛰어넘을 수 있습니다

제2부 | 믿음이 하나님의 사람을 만듭니다

90	6. 믿음의 훈련이 우릴 강하게 합니다
107	7. 믿음이 당당하게 합니다
123	8. 절망의 해독제는 믿음입니다
141	9. 믿음은 포기하지 않는 것입니다
159	10. 믿음으로 상상하면 현실이 됩니다

제3부 | 순종이 하나님의 사람을 만듭니다

176	11. 순종은 멀리 보는 것입니다
194	12. 잘 멈추는 것이 중요합니다
210	13. 수동태의 삶을 살아야 합니다
229	14. 은혜의 끈에 묶여 끌려가는 것이 축복입니다
246	15. 하나님께 설득당해야 합니다

저자 서문

이재영 목사
아름다운교회 담임

어느 대기업 면접시험에서 이런 문제가 나왔습니다.
"폭풍우가 몰아치는 밤길 운전 중, 당신은 버스 정류장에 갇힌 세 사람을 봤다. 병으로 신음하는 할머니, 당신을 치료해 준 의사, 당신의 이상형. 차는 단 한 명만 태울 수 있다. 누굴 태울 것인가?"
정답이 무엇이라고 생각하십니까?
정답은 한 명이 아니라 두 명을 태우는 것입니다. 자신은 차에서 내리고, 의사에게 자동차 키를 주어 할머니를 병원으로 모시고 가도록 하는 것이 정답입니다. 그 대신 본인은 버스 정류장에서 이상형과 폭풍우 속에서 애정을 쌓으면 네 사람 모두 윈윈(win-win)하는 셈이 되는 것입니다. 알고 나면 시시할 수도 있지만, 면접관은 이 문제를 통해서 그 기업에서 원하는 사람이 어떤 사람인지를 알게 됩니다. 기업은 자신만을 생각하는 사람이 아니라 같이 갈 수 있는 파트

◇ ◆ ◇

너를 찾고 있는 것입니다.

　우리가 일을 하는 데 있어서 어떤 파트너와 일을 하느냐는 굉장히 중요합니다. 좋은 파트너를 만나면 플러스 효과가 나타나지만 힘든 파트너를 만나면 마이너스 효과가 나기 때문입니다. 하지만 아무리 좋은 파트너를 만나도 서로 배려하지 않으면 플러스 효과를 내기가 어렵습니다. 한쪽으로만 치우쳐도 시너지 효과를 내기는 어렵습니다.

　세상에서도 좋은 파트너를 만나야 한다면 인생에서 어떤 파트너를 만나느냐가 관건입니다. 그리스도인은 인생의 가장 좋은 파트너가 있습니다. 바로 우리 인생의 최고의 파트너는 하나님이십니다.

　우리가 하나님을 파트너로 삼아야 할 이유가 있습니다. 하나님께서 동행해 주시기 때문입니다. 사람이라면 할 수 있는 일과 할 수 없는 일이 있습니다. 싸워서 이길 상대가

◇ ◆ ◇

있고 지는 상대가 있습니다. 왜냐하면 사람은 한계가 있고 상대성이 있기 때문입니다. 하지만 하나님과 동행하는 사람은 늘 승승장구할 수 있습니다. 왜냐하면 하나님께서 대신 싸워주시기 때문입니다. 세상에 하나님과 싸워서 이길 군대는 물론 하나님과 싸워서 이길 사람도 없습니다.

신앙생활은 하나님과 동행하는 것입니다. 하나님과 함께 가는 것입니다. 하나님과 동행하기 위해 우리가 해야 할 일은 하나님께 내 손을 내미는 것입니다. 왜냐하면, 하나님과의 동행은 이 세상 그 누구와의 동행과 비교할 수 없는 행복한 동행이기 때문입니다.

제가 하나님과 행복한 동행을 하며 두 번째 책을 내어놓게 되었습니다. 그 이유는 이 책을 읽는 모든 분들이 하나님과 행복하게 동행하는 하나님의 사람들이 되었으면 하는 바램 때문입니다.

◇ ◆ ◇

　때로 인생을 살다 보면 힘들고 어려운 일도 있을 것입니다. 넘어질 때도 있을 것입니다. 그럴 때마다 당신의 손을 하나님께 내밀어야 합니다. 그럼 하나님께서 당신의 손을 맞잡고 동행해 주십니다.
　하나님과의 동행은 행복입니다. 이 책을 통해 하나님의 손을 맞잡는 행복한 동행을 꿈꾸었으면 합니다. 그리고 매일 하나님과 행복한 동행을 할 수 있기를 소망합니다.

제1부

―――

동행이 하나님의 사람을 만듭니다

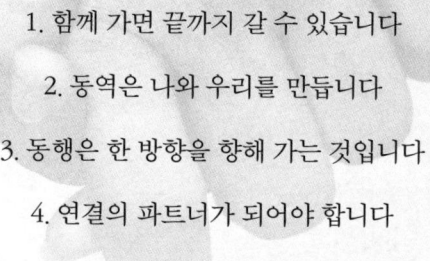

1. 함께 가면 끝까지 갈 수 있습니다

2. 동역은 나와 우리를 만듭니다

3. 동행은 한 방향을 향해 가는 것입니다

4. 연결의 파트너가 되어야 합니다

5. 함께 하면 한계를 뛰어넘을 수 있습니다

1.
함께 가면 끝까지 갈 수 있습니다
(고전 12:12-26)

🔖 기러기는 한 몸이 되어 날아갑니다

기러기들은 4만km나 되는 먼 거리를 살기 위해 날아갑니다. 이 거리는 서울에서 부산까지 50번을 왕복하는 거리입니다. 기러기들은 이 먼 거리를 혼자만 살기 위해서 날아가는 것이 아니라 함께 살기 위해서 날아갑니다. 이들은 목적지에 무사히 도착하기 위하여 서로 돕고, 자신들이 맡은 역할을 감당합니다. 기러기는 편대를 지어서 이동합니다. 기러기의 편대 비행에서 앞에 선 새가 가장 중요하다고 합니다.

기러기들은 '홍크,' '홍크'라는 소리로 의사소통을 하는데, 앞장선 기러기가 '홍크'라고 외치면서 최선을 다하여 앞에서 이끌고 가면 뒤에 있는 기러기들도 '홍크'라고 외치며 앞 선 기러기를 격려한다고 합니다. 그런가 하면 앞장 선 기러기가 지친 기색이 보이면 그를 살펴보던 다른 기러기가 앞으로 자리를 바꾼다고 합니다. 또한 뒤에 있던 기러기들도 힘을 비축했다가 교대로 앞으로 나선다고 합니다. 기러기들은 따로따로 날고 있지만 한 몸인 것처럼 날고 있는 것입니다.

세상에서 가장 아름다운 풍경

1960년 장편 소설 『대지(大地)』로 잘 알려진 노벨 문학상을 받은 펄벅 여사가 한국을 처음으로 방문했을 때 일입니다. 그녀는 여행 기간 당시로는 아주 평범한 경주 인근의 한 농촌 마을을 들렀습니다. 그곳에서 그녀는 아주 진기한 풍경을 보게 되었습니다. 황혼 무렵 한 농부가 소달구지에 볏단을 싣고 가면서 자신의 지게에도 볏단을 진 채로 가는 모습이었습니다.

당시 우리나라 사람에게는 일상적으로 여길 수 있는 이 장면이 서양 사람 눈에는 도무지 이해가 되지 않는 풍경이었던 것 같습니다. 그녀는 농부에게 다가가 물었습니다.

"소달구지에 볏단을 싣고 할아버지가 타고 가면 훨씬 편하게 갈 수 있을 텐데, 왜 그리 힘들게 지게를 지고 가십니까?"

농부는 이렇게 대답했습니다.

"나도 온종일 일했지만, 저 녀석도 온종일 일했는걸요. 그러니 짐도 서로 나누어지고 가야지요."

그녀는 고국으로 돌아가서 이 장면을 세상에서 가장 아름다웠던 풍경이라고 하면서 이렇게 회고했습니다.

> 서양의 농부라면 짐을 모두 소달구지 위에 싣고, 자신도 소달구지를 탄 채 편하게 집으로 향했을 것이다. 하지만 한국의 농부는 달랐다. 그는 소가 짊어져야 할 짐을 덜어 주고자 자신이 볏단을 한 짐 나눠 채로 소와 함께 걸어 돌아왔다. 나는 그 모습을 보며 온몸에 전율을 느꼈다.

🌾 힘들 때 함께 소리를 질러야 합니다

혼자 가면 빨리 갈 수 있습니다. 그러나 멀리 가지 못합니다. 함께 가면 늦게 도착할 수 있습니다. 하지만 끝까지 갈 수 있습니다. 혼자 가면 외롭지만, 함께 하면 외롭지 않습니다.

　그리스도인은 하나님의 나라를 위해 함께 비행하는 기러기와 같습니다. 혼자 가는 것이 아니라 함께 가는 것입니다. 함께 가다가 서로 힘들면 기러기들이 '홍크,' '홍크' 소리를 지르며 격려했던 것처럼 소리를 질러야 합니다. 아이들이 아빠에게 힘내라고 불러주는 노래가 있습니다.

　　"아빠 힘내세요. 우리가 있잖아요.
　　아빠 힘내세요. 우리가 있어요."
　　옆에 있는 집사님이 힘들어하면 소리를 질러 주세요.
　　"집사님 힘내세요. 제가 기도하고 있습니다."
　　권사님이 힘들어하면 소리를 질러 주세요.
　　"권사님 힘내세요. 하나님이 함께 하시잖아요."
　　장로님이 힘들어하면 소리를 질러 주세요.
　　"장로님 힘내세요. 주님이 동행하시잖아요."
　　목사님이 힘들어하면 소리를 질러 주세요.
　　"목사님 힘내세요. 우리가 있잖아요."

가족은 소중합니다

가족이라는 이름만 들어도 왠지 마음이 따뜻해지고 눈시울이 붉어질 때가 있습니다. 가족은 그만큼 우리에게 소중한 존재입니다. 김홍식 씨가 쓴 『우리에게 가장 소중한 것은』이라는 책 속에 이런 글귀가 있습니다.

> 가족을 위해 희생할 줄 모르는 사람은 누구와도 바른 관계를 맺을 수 없습니다. 가족보다 다른 것을 소중히 여기는 사람은 결코 성공할 수 없는 사람입니다. 그에게는 행복이란 없습니다. 가족을 떠난 행복은 착각일 뿐입니다. 가족을 외면한 사람은 세상 어느 곳에서도 환영받을 수 없습니다. 가족은 세상의 기초이니까요.

그리스도인은 육신의 부모님은 다르지만, 영적으로 하나님을 아버지로 모신 예수의 피로 맺어진 하나님 나라의 가족입니다.

하나님의 자녀들은 가족을 넘어 한 몸입니다

그런데 성경은 그리스도인이 가족 이상임을 말씀해 주고 있습니다. 곧 그리스도인은 그리스도의 몸이요 그 몸을 이루고 있는 각 지체라는 사실입니다. 가족은 너무나 소중하지만 때로는 가족이라고 할지라도 남처럼 지내는 사람들도 많이 있습니다. 가족만 생각하면 오히려 화가 나고 마음이 아픈 사람들도 있습니다.

그런데 한 몸인 지체들은 서로 미워할 수도 모른척할 수도 없습니다. 화를 낼 수도 없습니다. 보기 싫다고 보지 않을 수도 없습니다.

몸에 붙어있는 발이 "나는 손이 보기 싫으니까 나는 따로 놀 거야. 나 몸에 안 붙어있을래"라고 한다고 발이 몸에서 떨어져 나갈 수 있을까요?

그럴 수 없습니다.

손이 발이 싫다고 발을 막 때릴 수 있을까요?

그럴 수 없습니다. 왜냐하면, 한 몸이기 때문입니다. 손이 발을 때리면 그 통증은 온몸이 느낍니다.

 한 몸이 된 비결

그런데 어떻게 그리스도인이 한 몸이 될 수 있는 것일까요?

달라도 너무 다른데 어떻게 한 몸이 될 수 있을까요?

> 우리가 유대인이나 헬라인이나 종이나 자유인이나 다 한 성령으로 세례를 받아 한 몸이 되었고 또 다 한 성령을 마시게 하셨느니라(고전 12:13).

유대인은 이방인을 사람으로 취급하지 않았습니다. 짐승으로 취급했습니다.

이런 유대인들이 어떻게 헬라인과 하나가 되었습니까?

종과 자유인은 달라도 너무 다릅니다. 종은 자신의 의지가 없습니다. 주인의 말에 따라 움직이는 사람입니다. 하지만 자유인은 그렇지 않습니다. 마음대로 할 수 있습니다.

이렇게 다른 종과 자유인이 어떻게 한 몸이 되었습니까?

그것은 한 성령으로 세례를 받았기 때문입니다. 한 성령을 마셨기 때문입니다. 곧 이 말씀은 예수 그리스도를 믿음으로 그 속에 거하시는 성령이 한 몸이 되게 하셨다는 것입니다.

그러므로 우리는 가족의 개념을 뛰어넘어 성령께서 하나 되게 하신 한 몸이라는 지체 의식을 가지고 살아가야 합니다. 이 지체 의식이 있을 때 우리는 끝까지 갈 수 있습니다.

함께 하면 끝까지 갈 수 있는 이유

함께 하면 끝까지 갈 수 있는 이유가 무엇일까요?

1마력이라고 하면 말 한 마리가 끄는 힘을 말합니다. 좀 더 정확하게 미국식으로 1마력을 정의하면 75kg의 물체를 1초에 1m 움직이는 힘을 말합니다. 말 한 마리는 보통 2톤의 무게를 끌 수 있다고 합니다.

그렇다면 두 마리의 말이 끌 수 있는 무게는 얼마나 되겠습니까?

상식적으로 생각하면 4톤입니다. 하지만 두 마리 말이 함께 했을 때 끌 수 있는 무게는 무려 24톤이나 된다고 합니다.

함께 하는 힘이 얼마나 큰지를 잘 말해 줍니다. 혼자의 힘은 분명 한계가 있지만, 함께 하면 그 한계를 초월하여 엄청난 힘을 발휘하게 됩니다. 그 힘을 가지고 끝까지 갈 수 있는 것입니다. '백지장도 맞들면 낫다'라는 속담이 있습니다. 솔로몬도 이렇게 말합니다.

> 두 사람이 함께 누우면 따뜻하거니와 한 사람이면 어찌 따뜻하랴 한 사람이면 패하겠거니와 두 사람이면 맞설 수 있나니 세 겹줄은 쉽게 끊어지지 아니하느니라(전 4:11-12).

두 사람이 누우면 따뜻하고 세 겹줄은 쉽게 끊어지지 않습니다. 미국 뉴욕의 한 마케팅 회사가 전 세계 32개 나라의 13세에서 65세까지 노동할 수 있는 사람들 1,000명을 대상으로 주당 평균 노동시간을 조사했습니다. 말하자면 전 세계 32개 나라 중에서 가장 일을 많이 하는 사람들은 어느 나라 사람들인지를 조사한 것입니다.

명예롭게도 1등은 한국 사람들이 차지했습니다. 그런데 문제는 한국 사람이 일은 가장 많이 하는데 생산성은 오히려 떨어지더라는 것입니다.

일은 가장 많이 하면서 생산성이 떨어지는 이유가 무엇일까요?

그것은 우리나라 사람이 함께 일을 하는 방법을 모르더라는 것입니다. 혼자서는 일을 잘하는데 함께 일할 때는 생산성이 떨어진다는 것입니다. 곧 혼자서는 일을 잘하지만, 함께 일하라고 하면 못하는 것입니다.

중국 사람들이 이민을 가면 제일 먼저 자장면 집을 연다고 합니다. 일본 사람들은 회사를 만들고 한국 사람들은 교회를 세운다고 합니다. 그런데 중국 사람들은 자기 교포가 A라는 동네에서 자장면 집을 열면 절대 그 근처에 다른 자장면 집을 안 연다고 합니다. 오히려 돈을 빌려주고 그 집이 잘 될 수 있도록 도와준다는 것입니다. 일본 사람들도 자기네 나라 사람들이 와서 뭔가를 할 때 경쟁하지 않고 협력해서 서로 잘 될 수 있도록 한다는 것입니다.

그런데 한국 사람들은 어떻습니까?

한국 사람이 B라는 동네에 구멍가게를 세우면 그 옆에 똑같은 구멍가게를 세워 옆의 가게를 망하게 해야지 직성이 풀린다는 것입니다.

예수를 믿지 않는 사람은 그렇다고 할지라도 예수를 믿고 성령으로 하나 된 그리스도인은 그렇게 하면 안 됩니다. 함께 힘을 모아 윈윈(win-win)해야 합니다. 함께 잘 되어야 합니다.

함께 한다는 것은 퍼즐을 맞추는 것입니다

함께 한다는 것은 퍼즐을 맞추는 것입니다. 퍼즐은 여러 개의 조각으로 되어있습니다. 여러 개의 조각이 각자의 자리매김을 할 때 그 퍼즐은 완성이 됩니다. 어느 하나가 빠지면 완성이 되지 않습니다. 그 빠진 자리를 다른 것이 메울 수가 없습니다. 대신할 수도 없습니다. 다른 조각을 다 맞추어도 한 조각이 비어 있으면 그 퍼즐은 완성했다고 말하지 않습니다.

저희 막내 딸이 어렸을 때 퍼즐을 사준 적이 있습니다. 어린아이니까 퍼즐 조각이 크고 몇 개 되지 않는 간단한 퍼즐을 사주었습니다. 그런데 어느 날 그중에 한 조각을 잃어버린 것입니다.

어떤 일이 벌어졌을까요?

울고 불고 난리가 났습니다. 한 조각 찾아달라는 것입니다. 어떻게 보면 다른 조각들이 다 자리매김을 하고 한 조각만 없을 뿐인데 말입니다.

왜 그렇습니까?

어린아이의 눈에도 그것이 완성된 퍼즐이 아니라는 것을 알기 때문입니다. 교회 가운데 성도 한 사람은 한 조각의 퍼즐입니다. 하나님께서 원하시는 아름다운 교회를 만들기 위해서는 각자가 자리매김해야 합니다. 그것이 함께 하는 것입니다. 무엇인가를 특별히 해서가 아니라 자신의 직분에 맞게끔 나이에 맞게끔, 능력에 맞게끔 자리매김을 하는 그것이 함께 하는 것입니다.

끝까지 간다는 것은 완성을 의미합니다. 함께 하면 끝까지 갈 수 있습니다. 함께 하면 완성된 퍼즐을 만들 수 있습니다. 아름다운 교회의 퍼즐 완성은 한 사람의 손에, 특별한 몇 사람의 손에 달린 것이 아니라 모든 성도에게 달린 것입니다.

예수님은 하나 되기를 기도하셨습니다

예수님께서는 이 땅 가운데 계실 때 마지막 대제사장 적인 기도를 드립니다. 그 기도가 요한복음 17장에 기록이 되어있습니다. 그 기도 가운데 이런 대목이 있습니다.

> 나는 세상에 더 있지 아니하오나 그들은 세상에 있사옵고 나는 아버지께로 가옵나니 거룩하신 아버지여 내게 주신 아버지의 이름으로 그들을 보전하사 우리와 같이 그들도 하나가 되게 하옵소서(요 17:11).

예수님은 하나님과 자신이 하나가 된 것 같이 남아 있는 주님의 제자들도 하나 되게 해달라고 기도했습니다. 함께 함은 곧 하나가 되는 것입니다. 주님은 언제나 하나님과 하나이셨습니다. 함께 일하셨습니다. 주님은 하나님의 자녀들 또한 하나님과 주님이 함께 일하시고 끝까지 가신 것처럼 그렇게 되기를 원하십니다. 함께 끝까지 가기 위해 해야 할 일이 있습니다.

첫째, 다양성을 인정해야 합니다.

몸은 하나이지만 여러 지체가 분명히 있습니다. 눈, 코, 입, 귀, 다리, 팔 등 몸 밖에 있는 지체가 있는가 하면 눈에 보이지 않지만, 우리 몸속에 있는 여러 지체도 있습니다. 교회 안에도 참 다양한 사람들이 많습니다. 이런 사람도 있고 저런 사람도 있습니다. 나와 다른 생각을 하는 사람도 참 많습니다. 나와 다른 은사를 가진 사람도 많습니다. 우리는 이 다양성을 인정해야 합니다.

몸의 여러 지체를 누가 만드셨습니까?

하나님이 만드셨습니다. 교회 안에 다양한 사람을 있게 하신 것은 하나님이십니다.

> 그러나 이제 하나님이 그 원하시는 대로 지체를 각각 몸에 두셨으니(고전 12:18).

하나님께서 원하시는 대로 몸의 각 지체를 있게 하셨습니다. 하나님께서 원하시는 대로 교회 안에 다양한 사람들을 있게 하셨습니다.

온몸이 눈이면 무엇으로 듣고 무엇으로 냄새를 맡을 수 있겠습니까?

모두가 발이면 입이 해야 할 일은 누가 합니까?

우리 몸에는 서로 다른 지체가 있으므로 사람으로서 정상적인 활동을 할 수 있습니다. 온전한 몸을 이룰 수 있는 것입니다. 주님의 몸 된 교회 역시 서로 다른 다양한 지체들이 있으므로 건강하게 성장해 갈 수 있는 것입니다.

둘째, 서로의 필요성을 인정해야 합니다.

> 이제 지체는 많으나 몸은 하나라 눈이 손더러 내가 너를 쓸데없다 하거나 또한 머리가 발더러 내가 너를 쓸데없다 하지 못하리라(고전 12:20-21).

하나님께서 한 몸에 서로 다른 지체를 두신 것은 몸이 생존하기 위해 꼭 필요하기 때문입니다. 그러므로 어떤 지체도 다른 지체에 대해 쓸데없다고 말할 수 없습니다. 어느 것 하나 필요하지 않은 것이 없습니다. 교회 안에서도 마찬가지입니다. 그 누구도 어떤 성도를 향해서 "저 사람은 우리 교회에 필요 없는 사람"이라는 어리석은 말을 해서는 안 됩니다. 이것은 마치 우리 신체 중 어떤 부분이 필요 없다고 잘라내 버리라는 것과 같은 것입니다.

교회 안에서 가끔 자기가 맡은 일에 너무 열중한 나머지 종종 다른 사람들이 하는 일에 대해서는 무시하고 비판하는 일들이 있습니다. 자신이 맡은 부분에 열심히 하는 모습은 좋지만 자기 일만이 최고라고 하면서 다른 사람을 무시하고 비판하는 것은 옳지 않은 모습입니다. 각 지체는 서로의 필요성을 인정하고 서로 존중해야 합니다.

셋째, 함께 아파해야 하고 함께 즐거워해야 합니다.

> 만일 한 지체가 고통을 받으면 모든 지체가 함께 고통을 받고 한 지체가 영광을 얻으면 모든 지체가 함께 즐거워하느니라(고전 12:26).

> 즐거워하는 자들과 함께 즐거워하고 우는 자들과 함께 울라(롬 12:15).

한 몸이면 당연히 기쁨과 고통도 함께 나누어야 합니다. 한쪽 팔은 아파서 고통받고 있는데, 얼굴은 기뻐서 싱글벙글한다면 그 사람은 바보이거나 정신분열증 환자일 가능성이 큽니다. 교회 안에서 한 성도가 큰 고통 가운데 있는데도 함께 아파하지 않고 즐거운 일이 있음에도 불구하고 함께 즐거워하지 않고 시기하고 질투한다면 그 교회는 건강한 공동체가 아닙니다. 우리는 함께 아파해야 하고 함께 즐거워해야 합니다. 우리는 한 몸이기 때문입니다.

하나님께서 우리를 한 몸 된 지체로 불러 주셨습니다. 한 몸 된 지체는 서로의 다양성과 필요성을 인정해야 합니다. 함께 아파하고 함께 즐거워해야 합니다. 이렇게 함께 할 때 끝까지 갈 수 있습니다. 하나님께서 원하는 교회와 공동체를 만들 수 있습니다.

2.
동역은 나와 우리를 만듭니다
(전 4:9-12)

🌿 나, 너, 우리, 대한민국

퀴즈를 내겠습니다. 한 번 맞춰 보시기 바랍니다.

1. 천하보다 소중한 한 글자는?
   정답: 나
2. 그 어떤 것도 이길 수 있는 두 글자는?
   정답: 우리
3. 세상에서 가장 아름다운 세 글자는?
   정답: 사랑해

4. 평화를 가져오는 네 글자는?

정답: 내 탓이오

5. 돈 안 드는 최고 동력 다섯 글자?

정답: 정말 잘했어

6. 더불어 사는 세상 만드는 여섯 글자는?

정답: 우리 함께 해요

7. 뜻을 이룬 사람들의 일곱 글자는?

정답: 처음 그 마음으로

8. 인간을 돋보이게 하는 여덟 글자는?

정답: 그럼에도 불구하고

9. 다시 한번 일어서게 하는 아홉 글자는?

정답: 지금도 늦지 않았단다

10. 나를 지켜주는 든든한 열 글자는?

정답: 내가 항상 네 곁에 있을게

제가 초등학교 1학년 들어갔을 때 국어책에서 제일 먼저 나오는 단어가 나, 너, 우리, 대한민국이었습니다. 초등학교 1학년 다닐 때는 솔직히 이 단어를 왜 처음으로 쓰고 배워야 하는지를 생각해 보지도 않았습니다. 지금 생각해 보면 이 속에는 의미가 있었다는 것을 알게 됩니다.

이 단어들은 분명히 글자를 습득하는 데도 중요하지만,

더 중요한 것은 이 단어들을 배우면서 함께 사는 방법을 배우라는 것 아니겠습니까?

'나'도 중요하고 '너'도 중요하니까 '우리'라는 울타리 안에서 함께 우리의 조국인 '대한민국'을 잘 사는 나라로 만들어야 한다는 것 아니겠습니까?

저는 '우리'라는 단어를 참 좋아합니다. 우리나라, 우리 교회, 우리 목사님, 우리 성도들…. 왠지 '우리'라는 말을 들으면 힘이 생기고 소속감이 생기는 느낌이 들기 때문입니다. 물론 '우리'가 집단이기주의가 되는 것은 위험한 일입니다.

지금 1인 시대입니다

지금 우리가 살아가는 시대는 '우리'라는 말이 점점 실종되고 있는 듯합니다. '혼자 밥 먹기,' '혼자 마시는 술'이라는 말이 있습니다. '혼밥'은 혼자 밥 먹는 것이고, '혼술'은 혼자 술 먹는 것입니다. '1코노미'라는 말도 있습니다. '1코노미'는 아라비아 숫자 1과 경제를 뜻하는 이코노미(economy)의 합성어입니다. '1코노미'는 혼자만의 소비 생활을 즐기는 사람을 일컫는 말입니다.

'각자도생'(各自圖生)이라는 말도 있습니다. '각자도생'(各自圖生)이란 각자가 스스로 제 살길을 찾는 것을 의미합니다.

이외에 '나로서기'라는 말도 있습니다. '나로서기'는 '나로서'와 '홀로서기'를 합친 말입니다. '나로서기'는 곧 외부의 치유에 기대지 않고 자존감의 원천을 나에게서 찾으면서 나로서 홀로 서려는 20대를 설명하는 신조어입니다.

지금 우리가 살아가는 시대는 1인 가구가 계속해서 늘어가는 추세이기 때문에 무엇인가 혼자서 해결해야 하는 부분들을 굉장히 강조하고 있습니다. 또한, 그것에 맞는 신조어들이 계속 등장하고 있습니다. 사람은 분명히 홀로서기를 할 줄 알아야 합니다. 혼자 있을 때 살아남는 법을 배워야 합니다. 혼자서 무슨 일이든지 잘할 수 있어야 하고 혼자만이 가져야 하는 시간이 필요합니다.

하지만 혼자서 살려고 해서는 안 됩니다. 아니, 이 세상은 혼자 살 수 있는 세상이 아닙니다. 이 세상은 더불어 살아가야 하는 세상입니다.

인간은 서로 도우며 사는 존재로 만들어졌습니다

하나님께서 맨 처음 인간을 만드실 때 아담을 홀로 만드셨습니다. 다른 동물들은 다 암수 짝으로 만들어 놓으셨는데 인간은 남자만 만드셨습니다. 하나님께서는 아담이 혼자 있는 모습이 안 좋다고 하셨지만, 동물은 암수로 만드셨습니다.

그렇다면 아담을 홀로 만드신 데는 이유가 있는 것입니다. 그 이유는 아담이 자신에게 함께 할 수 있는 사람에 대한 필요성을 느끼게 하시기 위함이었습니다. 그 필요성을 느꼈을 때 하나님께서는 아담의 갈비뼈를 취하여 아름다운 여자를 만들어 아담에게로 이끌고 가십니다.

아담은 아름다운 하와를 보면서 '내 뼈 중에 뼈요 살 중의 살이라'(창 2:23)고 고백을 합니다. 하나님께서는 하와를 아담의 돕는 배필로 주셨다고 하셨습니다. 이 말속에는 아담 역시도 하와를 돕는 자가 되어야 한다는 의미가 포함된 것입니다. 곧 부부는 서로 돕고 사는 존재가 되어야 한다는 것입니다.

그런데 부부만 서로 돕고, 부모나 자식이나 다른 사람들은 서로 안 돕고 살아도 되는 것입니까?

그렇지 않습니다. 하나님께서 이 세상 가운데 가정이라는 공동체를 만드시고 사회, 국가라는 공동체를 만드신 것은 서로 도우며 살라고 만드신 것입니다. 이 세상에 다른 사람의 도움이 없이 살아갈 수 있는 사람은 아무도 없습니다. 반대로 '나는 누구에게도 도움을 줄 수 없다'라고 말할 수 있는 사람도 없습니다. 이 말씀을 들으면서 이렇게 말씀하시는 분도 있으실 수 있습니다.

"목사님! 식물인간으로 누워서 아무것도 할 수 없는 사람이 누구를 도울 수 있겠습니까?"

이 부분에 대해 어떻게 생각하십니까?

그분도 남을 도울 수 있습니다.

건강한 사람들이 그분을 보면서 어떻게 생각하겠습니까?

그분보다 덜한 병을 가지고 있는 분들이 그분을 보시면서 어떻게 생각하겠습니까?

지금 자신이 누리고 있는 것에 대해 감사하지 않겠습니까?

좌절하고 절망하다가도 그분을 통해서 그래도 다시 살아야겠다는 마음을 가지지 않겠습니까?

도우며 살아가는 관계가 동역의 관계입니다

서로 도우며 살아가는 관계가 바로 동역의 관계입니다. 부부는 동역의 관계입니다. 부모와 자식도 동역의 관계입니다. 나와 다른 사람도 다 동역의 관계입니다. 한 여성이 택시를 기다리고 있는데 택시 한 대가 앞에 서는 것을 보고 아무런 생각 없이 탔습니다.

그런데 뒷좌석에 앉자마자 깜짝 놀랐습니다. 그 이유는 이미 조수석에 어떤 중년 여성이 앉아 있었기 때문이었습니다. 이 여성은 택시를 잘못 탔나 생각하며 당황하고 있는데 조수석 뒤편에 붙어있는 글귀를 보았습니다.

'앞자리에 앉은 사람은 알츠하이머(치매)를 앓고 있는 제 아내입니다. 양해를 구합니다.'

기사님은 치매에 걸린 아픈 아내를 혼자 두고 나올 수가 없어서 조수석에 태우고 일을 했던 것입니다. 택시에 탄 여성은 그제서야 안심을 하였고 택시를 타고 가면서 이 부부가 대화하는 것을 통해 부부란 무엇인지 가족이란 무엇인지 이런저런 생각을 하게 되었다고 합니다.

2차 세계대전 당시 독일군의 점령하에 있던 폴란드의 작은 마을에 독일군이 들이닥쳐 유대인을 잡아갈 것이라는 소문이 있어 마을 사람들은 불안한 마음으로 하루하루를 지내고 있었습니다. 그 불행한 생각은 곧 현실이 되었습니다. 독일군이 마을에 들이닥친 것입니다. 독일군 일부는 마을로 진입했고, 또 일부는 학교로 향했습니다. 학교에 도착한 독일군은 학생들 가운데 드문드문 섞여 있는 유대인 아이들을 끌어내려고 했습니다.

겁에 질린 아이들은 코르자크 선생님에게 매달렸습니다. 코르자크 선생님은 자신 앞으로 몰려온 유대인 아이들을 두 팔로 모두 꼭 안아주었습니다. 독일군에게 아이들을 왜 데려가느냐고 반항이라도 하고 싶었지만, 살기 가득한 짐승이 된 그들에게 아무런 소용이 없었습니다. 아이들을 태울 트럭이 학교로 진입하자 아이들은 더욱 안타깝게 매달렸습니다.

독일군은 코르자크 선생님 곁에 매달려 있는 아이들을 떼어놓으려고 했습니다. 그러자 선생님은 군인을 막아섰습니다.

"가만두시오. 나도 함께 가겠소."

또 겁에 질려 있는 아이들을 향해 이렇게 말했습니다.

"얘들아, 선생님이랑 같이 가자. 선생님이 같이 가면 무섭지 않지?"

코르자크 선생님은 그렇게 아이들과 함께 트럭에 올랐습니다. 독일군이 선생님을 끌어내리려고 하자 이렇게 말했습니다.

"내 어찌 사랑하는 아이들만 보낼 수 있단 말이오. 같이 가게 해 주시오."

그렇게 선생님은 유대인이 아님에도 불구하고 강제수용소로 끌려가 가스실 앞에 섰습니다. 그리고는 겁에 질린 아이들의 손을 꼭 잡고, 한 명 한 명 눈빛으로 안심시키며 아이들과 함께 가스실로 들어갔습니다. 선생님은 그렇게 사랑하는 제자들의 두려움을 조금이라도 덜어주기 위해 기꺼이 자신의 목숨을 버린 것입니다.

예루살렘에 가면 히틀러에게 학살된 동포들을 기념하기 위해 세워진 기념관이 있다고 합니다. 그 기념관 뜰에는 겁에 질려 떨고 있는 제자들을 두 팔로 꼭 껴안고 있는 코르자크 선생님의 동상이 세워져 있다고 합니다.

치매가 있는 아내를 택시에 태워 일하는 기사 아저씨를 보시면서 어떤 생각이 드십니까?

유대인도 아니면서 유대인 아이들을 위해 기꺼이 가스실로 함께 들어가 죽음을 맞이한 코르자크 선생님을 보시면서 어떤 생각이 드십니까?

이들의 동역이 너무나 아름답지 않습니까?

이런 동역들을 보면서 그래도 아직 세상은 살맛 나는 세상이구나라는 생각이 들지 않으십니까?

🌳 동역하면 엄청난 힘이 나옵니다

오늘 말씀에도 동역의 중요성을 언급하고 있습니다. 전도서는 이 세상에서 가장 지혜로웠던 솔로몬 왕이 인생의 산전수전을 다 겪어 보고 말년에 쓴 책입니다. 솔로몬은 뛰어난 지혜를 가지고 있어서 어쩌면 혼자 잘난 맛에 살아간 적도 있었을 것입니다. 하지만 지나고 보니 그것이 아님을 깨달았습니다. 혼자서 하는 것은 한계가 있음을 깨달은 것입니다. 이런 경험을 한 솔로몬은 혼자보다는 둘이 더 낫다고 말합니다.

두 사람이 함께 일할 때, 더 좋은 결과를 얻을 수 있다고 말합니다. 둘이 함께할 때, 하나가 넘어져도 다른 한 사람이 일으켜 줄 수 있지만 혼자 가다가 넘어지면 일으켜 줄 사람이 없다고 말합니다. 또한, 혼자 눕는 것보다 둘이 누우면 따뜻하고, 혼자서 적과 싸우면 패하지만, 둘이 힘을 합하면 적에게 맞설 수 있다고 말합니다. 솔로몬은 한마디로 동역의 힘을 우리에게 말씀해 주고 있는 것입니다.

동역의 힘을 믿으십니까?

그러면 정말 동역하면서 사십시오. 나의 한계를 인정하십시오. 나의 자존심을 내려놓고 돕기도 하고 도움을 받기도 하십시오. 남을 먼저 이해하려고 해 보십시오. 그럴 때 더 좋은 결과가 나타납니다. 더 많은 일, 더 큰일들을 감당할 수 있습니다.

모세와 여호수아가 동역하는 것을 보십시오. 모세와 아론과 훌이 동역하는 것을 보십시오. 아말렉 족속과 이스라엘 백성이 전쟁을 하게 됩니다. 이 전쟁은 객관적인 전력으로 보면 게임이 안 되는 전쟁이었습니다. 아말렉 족속은 전쟁에 능한 민족이었고, 이스라엘 백성들은 애굽에서 노예 생활만 했지 전쟁을 해 본 적이 없는 백성들이었습니다.

하지만 아말렉 족속이 걸어온 전쟁이라 어쩔 수 없이 전쟁을 치르게 된 것입니다.

이 전쟁에서 여호수아와 모세의 역할은 달랐습니다. 여호수아는 아말렉 족속과 전쟁을 하기 위해서 이스라엘 백성들을 이끌고 전쟁터로 나갔습니다. 모세는 전쟁터로 나간 것이 아니라 기도하기 위해 산으로 올라갔습니다.

모세의 기도하는 손이 올라갔을 때 이스라엘은 이겼지만, 힘이 빠져 손이 내려오면 졌습니다. 이 모습을 지켜보고 있었던 아론과 훌은 돌을 가져다가 지친 모세를 그곳에 앉히고 모세의 기도하는 손이 내려오지 않도록 한 사람은 오른손을, 또 다른 한 사람은 왼손을 꼭 붙잡고 있었습니다. 결국, 모세의 기도 손이 내려오지 않으므로 이스라엘 백성이 승리하게 됩니다.

이 전쟁은 모세 한 사람으로 인해 얻은 승리가 아니었습니다. 지친 모세의 손이 내려오지 않도록 아론과 훌이 옆에서 동역해 주었기 때문입니다. 또한, 전쟁터에서 직접 싸우는 여호수아와 이스라엘 백성들이 있었기 때문에 가능했습니다. 곧 이 승리는 네 사람과 이스라엘 백성들의 동역으로 인해 가능했던 것입니다. 이렇게 동역하여 힘을 합치면 엄청난 일을 해낼 수 있는 것입니다.

동역은 나를 나 되게 합니다

동역하면 우리가 큰 힘을 발휘할 수 있다는 것은 이미 잘 알고 있습니다.

하지만 동역이 나를 나 되게 만드는 것은 어떤 의미일까요?

2013-14시즌 미국 NBA의 MVP는 케빈 듀란트였습니다. 케빈 듀란트는 MVP 수상 연설을 하는 가운데 자신이 속한 팀의 동료 이름을 하나하나 부른 후에 그들을 바라보면서 이런 말을 했습니다.

> 난 너희들에게 귀감이 되는 선수가 아니라는 것을 알고 있어. 나쁜 날들도 있고, 가끔 나에게 주어진 일을 잘하지 못할 때도 있어. 내가 그것을 이겨나가기 위해 다시 노력할 때 너희들이 항상 나와 함께 해 주었어. 정말 고마워. 난 항상 최고의 리더도 아니고 항상 최고의 선수도 아니며 항상 최고의 경기를 할 수가 없는데, 너희들이 나를 조금 더 나은 사람으로 만들어 주었어. 정말 고마워.

동료들에게뿐만 아니라 케빈 듀란트는 어려운 삶 가운데 자신을 이 자리에 서 있을 수 있게 해 주시고 자신 스스로를 믿게 해 준 어머니가 진정한 MVP라고 말했습니다.

케빈 듀란트는 자신이 MVP가 될 수 있었던 것, 케빈 듀란트라는 이름으로 이 자리에 서 있을 수 있는 것이 먼저는 주님의 은혜이고, 그다음은 어머니를 비롯한 자신들을 도와준 동료들이었음을 고백하였습니다. 케빈 듀란트의 고백처럼 하나님의 은혜가 없었다면, 그리고 어머니의 희생과 동료들의 동역이 없었다면 케빈 듀란트라는 존재도 없는 것입니다.

우리는 다른 사람과의 동역을 통해서 내가 무엇이 부족한지를 알게 됩니다. 내가 무엇을 잘하는지도 알게 됩니다. 다른 사람과 다른 나를 발견하게 됩니다. 그렇게 나라는 존재를 알아가는 것입니다. 그래서 우리는 동역을 통해 가장 나답게 만들어져 가는 것입니다. 하나님께서 그렇게 나를 만들어 가시는 것입니다.

가장 먼저 동역해야 할 분은 하나님이십니다

우리가 사람과 동역하는 것도 중요하지만 먼저 우리가 동역해야 할 분이 계십니다.

그분이 누구십니까?

바로 하나님이십니다. 예수님이십니다.

그런데 우리가 하나님과 동역할 수 있는 존재가 될 수 있는 것입니까?

피조물과 창조주가 동역한다는 것은 어폐가 있는 것 아닙니까?

맞습니다.

우리의 처지에서 보면 우리는 하나님의 동역자가 될 수가 없습니다. 우리는 하나님께서 명령하면 복종해야 하는 존재입니다. 이것이 하나님과 인간의 관계임이 틀림없습니다. 그러나 하나님께서는 우리를 동역자라고 여겨주십니다.

> 우리는 하나님의 동역자들이요 너희는 하나님의 밭이요 하나님의 집이니라(고전 3:9).

하나님은 신이시기 때문에 얼마든지 혼자서 일하실 수 있는 분이십니다. 그런데도 하나님은 우리를 동역의 파트너로 부르셔서 함께 일하십니다. 우리를 통해서 일하시는 것입니다. 하나님께서는 이방 선교를 위해 바울과 동역하셨습니다. 또한 우리나라에 복음을 전하시기 위해서 선교사들과 동역하셨습니다. 하나님께서 원하시는 교회를 만드시기 위해 목사와 성도들과 동역하십니다.

그런데 우리가 하나님과 동역하는 것은 사람과 동역하는

것과 차이가 있음을 분명히 알아야 합니다. 하나님과 동역할 때는 쌍방 간에 조율이 필요가 없습니다. 하나님의 뜻을 알고 그것을 이루어드리면 됩니다. 하나님께 맞추어 드리면 됩니다. 하지만 사람과의 동역은 조율이 필요합니다. 어느 한 사람이 일방적으로 해서는 안 됩니다. 서로의 처지를 이해하고 도우면서 동역의 관계를 이루어가야 합니다.

동역한다는 것은 어떻게 보면 쉬운 일이고 어떻게 보면 굉장히 어려운 일입니다. 서로가 마음이 맞고 필요를 느끼면 동역은 쉽게 됩니다. 하지만 마음이 맞지 않고 서로 필요를 느끼지 못할 때 동역한다는 것은 쉽지 않은 일입니다.

그런데도 하나님께서 한 공동체에 함께 있게 하셨다면 서로 돕고 조율하면서 동역해야 합니다. 그렇게 동역을 할 때 가장 나답게 되고 '우리'라는 공동체 의식이 생겨 아름다운 열매를 맺게 되는 것입니다.

3.
동행은 한 방향을 향해 가는 것입니다
(창 5:21-24)

좋은 관계가 행복을 만듭니다

행복 전문가인 에드 디너스 교수는 긍정심리학의 대가인 마틴 셀리그먼 교수와 함께 '매우 행복한 사람'이라는 흥미로운 논문을 발표한 적 있습니다. 이 연구에서 두 교수는 222명의 사람을 대상으로 그들의 행복지수를 측정했습니다. 그리고 그 점수에 근거해서 가장 행복하다고 스스로 보고한 상위 10%에 해당하는 사람들의 특성을 집중적으로 분석했습니다.

가장 행복하다고 답한 10%의 사람들과 나머지 사람들이 보인 가장 큰 차이점은 무엇이었을까요?

돈이었을까요?

건강이었을까요?

아닙니다.

가장 큰 차이점은 바로 관계였습니다. 최고로 행복한 사람들은 그렇지 않은 사람들에 비해 혼자 있는 시간이 적었고, 사람들과 좋은 관계를 유지하고 있었습니다. 더 흥미로운 사실은 222명 중에 가장 행복한 상위 10%인 22명 중에서 21명이 조사 당시 이성 친구가 있었다는 점입니다.

많은 심리학 연구들은 행복은 '어디서'의 문제가 아니라 '누구와'의 문제임을 분명하게 밝혀주고 있습니다. 탁월한 성취를 이룬 사람들, 커다란 역경을 이겨낸 사람들, 자기 삶에 만족을 누리는 사람들, 이들에게는 거의 예외 없이 '누군가' 함께 하는 사람들이 있었다는 것입니다.

이런 측면에서 이 세상에서 가장 행복한 여행은 어떤 여행일까요?

세계에서 가장 아름다운 곳을 찾아가는 여행일까요?

한 번도 경험해 보지 못한 이벤트가 있는 여행일까요?

가장 맛있는 음식을 먹는 여행일까요?

가장 행복한 여행은 가장 사랑하는 사람과 함께 하는 여행입니다. 사랑하는 사람과 함께 하는 여행은 장소가 중요한 것이 아닙니다. 두 사람이 함께 있다는 그 자체가 행복이기에 어디를 가도 행복합니다. 길거리에서 떡볶이를 사 먹어도 행복한 것입니다. 결국, 어떤 사람과 함께 여행하느냐가 행복한 여행을 결정하는 기준이 됩니다.

인생은 누구와 동행하느냐가 중요합니다

우리의 인생도 마찬가지입니다. 우리의 인생을 누구와 동행하느냐가 우리의 행복의 열쇠가 되는 것입니다. '근묵자흑'(近墨者黑)이라는 말이 있습니다. 이는 '먹을 가까이하면 검어진다'는 뜻입니다. 나쁜 사람과 가까이하면 나쁜 버릇에 물들게 됨을 이르는 말입니다. 반대로 생각하면 좋은 사람과 가까이하면 나도 좋은 사람이 된다는 것입니다.

> 지혜로운 자와 동행하면 지혜를 얻고 미련한 자와 사귀면 해를 받느니라(잠 13:20).

이 말씀을 보아도 지혜로운 자와 동행하면 지혜를 얻고 미련한 자와 사귀면 그 미련한 자로 인해서 해를 받게 된다고 말씀합니다.

지금 여러분과 동행하는 사람들은 어떤 사람들입니까?

여러분에게 유익을 주는 사람입니까?

아니면 해를 주는 사람입니까?

우리의 인생에 있어서 어떤 사람과 동행하는 것도 중요하지만 그것보다 더 중요한 것은 주님과 동행하는 삶을 사는 것입니다. 이 땅에서의 최고의 삶은 주님과 동행하는 삶입니다. 이 세상에서 가장 행복한 삶은 주님과 동행하는 삶입니다.

 동행은 한 방향을 향해 가는 것입니다

창세기 5장에는 아담의 계보가 기록되어 있습니다. 계보가 거의 그렇듯이 아담의 계보를 보아도 별 내용이 없습니다. 몇 세에 누구를 낳았고 그 이후에 몇 년 동안 자녀를 낳다가 몇 살에 죽었다는 내용이 다입니다.

하지만 아담의 계보 가운데 분량을 많이 차지하면서 우리의 관심을 끄는 인물이 한 명 있습니다. 바로 에녹입니다. 성경 기자는 에녹에 대해서 다른 사람과 다른 두 가지를 기록하고 있습니다.

에녹이 300년 동안 하나님과 동행했다는 것과, 하나님께서 에녹을 산 채로 데리고 가셨다는 것입니다. 그런데 말씀을 가만히 보면 에녹이 처음부터 하나님과 동행했던 사람이 아니었음을 알 수 있습니다.

> 므두셀라를 낳은 후 삼백 년을 하나님과 동행하며 자녀들을 낳았으며(창 5:22).

에녹이 므두셀라를 낳은 이후에 300년을 하나님과 동행했다고 기록하고 있습니다.

왜 에녹은 므두셀라를 낳고 하나님과 동행을 하게 되었을까요?

이 부분에 대해서 성경이 자세하게 기록하고 있지 않지만, 므두셀라의 이름의 뜻을 통해서 그것을 추측해 볼 수가 있습니다. 므두셀라라는 이름은 '창 던지는 사람'이라는 뜻이 있습니다. 예전 고대 사회에서는 부족끼리 싸움을 할 때 전체가 다 싸우는 것이 아니라, 그 부족에서 창을 제일 잘 던지는 사람이 대표로 나와서 싸움을 했다고 합니다.

즉, 그 창 던지는 사람이 지면 그 부족 전체가 지는 것이었습니다. 이런 측면에서 므두셀라는 창 던지는 사람으로 그가 죽으면 끝이 온다는 의미를 포함하고 있습니다.

추측을 해 보면 이런 것입니다. 하나님께서 에녹에게 나타나셔서 네가 아들을 낳게 될 텐데 그 아들이 죽으면 세상의 끝이 온다는 것을 말씀해 주신 것입니다. 에녹은 하나님의 말씀대로 아들을 낳고 그 이름을 므두셀라 짓고 그 아들이 죽으면 끝이 오기 때문에 그 아들을 바라보면서 하나님과 동행하는 삶을 살게 된 것입니다. 우리는 정말 므두셀라가 죽는 날 노아 홍수가 일어난 것을 성경을 통해서 확인할 수 있습니다.

이것을 보면 하나님께서 므두셀라를 가장 오래 살게 하신 것은 이 땅에 대한 심판을 연장하셨다는 것입니다. 하나님께서 얼마나 인간들에게 대하여 인내해 주셨는지를 알 수 있습니다.

에녹은 므두셀라를 낳기 전에는 하나님과 동행하는 삶을 살지 않았습니다. 곧 자기 마음대로 살았다는 것입니다. 하지만 므두셀라를 낳고 세상의 끝이 올 것이라는 긴장감을 가지고 하나님과 동행하며 살았습니다. 동행은 한 방향을 향해 걸어가는 것을 말합니다. 어떤 사람과 반대 방향을 향해 걸어가면서 동행하고 있다고 말하는 사람은 없습니다. 한 방향을 향해 걸어간다는 것은 한마음을 가지고 한 목표를 향해 걸어가는 것입니다.

그러므로 우리가 하나님과 동행을 한다는 것은 하나님의 마음과 하나가 되어 걸어가는 것입니다. 곧 하나님과 동행한다는 것은 하나님의 마음이 있는 곳에 우리의 마음도 있는 것입니다. 하나님의 눈물이 있는 곳에 우리의 눈물이 있는 것입니다. 하나님의 손과 발이 머무르는 곳에 우리의 손과 발이 머무르는 것입니다.

에녹은 므두셀라를 낳기 전에는 하나님과 한 방향을 향해 걷지 않았습니다. 하나님의 마음이 있는 곳에 에녹의 마음은 없었습니다. 하지만 므두셀라를 낳고는 자기가 원하는 방향이 아니라 하나님과 같은 방향으로 걷게 되었습니다. 하나님의 마음이 있는 곳에 에녹의 마음도 함께 한 것입니다.

주님과 한 방향으로 서 있는 것이 먼저입니다

우리가 하나님과 동행한다고 하면서 하나님과 같은 방향을 향해 걷고 있지 않다면 그것은 동행하는 것이 아닙니다. 나 혼자 하나님과 동행한다고 생각할 뿐, 하나님과 동행하고 있는 것이 아닙니다. 우리의 마음이 하나님과 다른 마음을 품고 있다면 그것은 하나님과 동행하는 것이 아닙니다. 우리의 손과 발이 하나님의 손과 발이 머무르는 곳으로 향하지 않고 있다면 그것은 하나님과 동행하는 삶이 아닙니다.

우리는 하나님께 나와 동행해 달라고 기도할 때가 많습니다. 물론 우리가 그런 기도를 해야 합니다.

그런데 우리가 그런 기도를 하기 전에 먼저 해야 할 것이 무엇입니까?

주님과 한 방향에 서 있어야 합니다. 주님이 향하시는 그 방향을 향해 나가면 주님은 자연스럽게 우리와 동행해 주십니다. 나의 손을 힘입게 꽉 잡으시고 같이 걸어가시는 것입니다.

한 방향으로 가는 것은 행복한 일입니다

한마음으로 한 방향으로 함께 걸어가는 것은 참 행복한 일입니다. 언제부터인가 우리나라에 동우회 활동이 많아졌습니다. 산악 동우회, 자전거 동우회, 낚시 동우회 등 가지각색의 동우회들이 많이 있습니다. 저는 지금 동우회 모임을 하는 것이 없지만, 예전에 제가 부교역자로 있을 때 탁구 동우회에 든 적이 있습니다.

동우회 모임에 가면 어떻습니까?

기분이 좋고 신이 납니다. 일단 내가 좋아하는 것을 할 수 있어서 행복하고, 나와 같은 것을 좋아하는 사람들이 함께 있어서 좋습니다. 같은 마음으로 한 목표를 향해 나가니 만나면 좋고 행복한 것입니다.

〈아트설교연구원〉에 소속된 목사님들이 함께 모여 1박 2일로 논증 세미나를 했습니다. 각 지역에서 따로 공부하다가, 이번에는 1박 2일 동안 스승 목사님과 함께 지금 한국교회에서 설교를 잘하는 목사님들의 설교를 분석하면서, 이분들이 왜 설교를 잘하시는지를 함께 공부했습니다.

빡빡한 일정이었지만 참 행복했습니다. 처음 뵙는 목사님들도 있었지만, 성도들에게 좋은 꼴을 먹이기 위해서, 하나님께 쓰임 받는 설교자가 되고자 하는 한 목표를 가지고 한마음으로 걸어가니 어색하지가 않았습니다. 대화를 나누는 것도 즐겁고 같이 공부를 할 수 있다는 것이 행복했습니다.

한 방향으로 노를 저어야 합니다

한 교회에서 함께 신앙생활을 하고 있다면 한 배를 탄 것입니다. 한 배에 탔다면 선장 되시는 주님과 한 방향으로 나가야 합니다. 주님과 한마음이 되어서 주님께서 기뻐하시는 교회를 만들어가야 합니다. 주님이 가자 하시면 가야 하고 멈추자 하시면 멈춰야 합니다.

올림픽 경기 종목 가운데 조정경기가 있습니다. 조정경기는 노를 저어 배의 속도를 겨루는 수상경기입니다. 조정

경기를 '보트 레이스' 또는 '레가타'라고도 합니다. 조정경기에서 우승하는 비결은 선수들이 얼마만큼 같은 방향으로 힘을 다해 같은 속도로 빨리 노를 젓느냐에 달려 있습니다. 그런데 한 배에 탄 선수 가운데 한 명이라도 반대 방향으로 노를 젓는다고 생각을 해 보십시오.

어떤 일이 벌어지겠습니까?

배가 제대로 속도를 낼 수가 없습니다. 속도를 낼 수 없으니 목표지점에 일찍 도착할 수도 없는 것입니다. 우리는 교회라는 배에서 노를 하나씩 잡은 사람들입니다. 우리가 주님이 지시하는 방향대로 한마음으로 노를 힘 있게 저으면, 하나님께서 기뻐하시는 교회로 계속 성장하고 성숙하게 될 것입니다. 하지만 우리의 마음이 주님의 마음과 하나가 되지 않고 우리가 원하는 방향대로 마음대로 노를 저으면 교회라는 배는 속력을 낼 수가 없습니다.

요한복음 17장에 기록된 예수님의 대제사장적 기도의 핵심은 하나가 되게 해달라는 것이었습니다. 예수님께서는 아버지와 내가 하나인 것처럼, 이 땅에 남아 있는 하나님의 백성들이 하나가 되게 해달라고 한마음이 되게 해달라고 기도하셨습니다.

방해꾼 사탄을 이겨야 합니다

우리가 주님과 동행하는 것을 훼방하는 방해꾼이 있습니다. 바로 사탄입니다. 사탄은 우리가 주님과 동행하지 못하도록, 틈만 생기면 우리의 시선과 마음을 다른 곳으로 향하게 합니다.

서로 사귀는 남녀가 걸어가고 있는데, 남자 친구가 지나가는 예쁜 여자에게 시선이 빼앗기면 옆에 있는 여자 친구가 마음이 어떻겠습니까?

부부가 길을 같이 걸어가고 있는데, 아내가 멋있는 남자에서 마음이 빼앗겨 버리면 남편의 마음이 어떻겠습니까?

질투할 수밖에 없습니다. 하나님도 스스로 '나는 질투하는 하나님'이라고 말씀하셨습니다. 우리는 하나님과 동행한다고 하면서 하나님을 질투하게 만들어서는 안 됩니다. 사탄의 미혹들을 이기며 나가야 합니다.

때로는 사탄의 미혹을 받아 다른 방향으로 갈 때도 있을 것입니다. 우리가 주님과 동행한다고 하지만 넘어질 때도 있습니다. 고난과 어려움도 있습니다. 하지만 중요한 것은 다시 제자리를 찾아야 합니다. 다시 일어나 주님과 한 방향으로 걸어가야 합니다.

회개가 무엇입니까?

잘못된 방향으로 갔던 길에서 돌아서서 다시 주님을 향해 나가는 것입니다. 죄에서 돌이켜 다시 주님과 동행하겠다는 결단이 바로 회개입니다. 에녹은 300년 동안 하나님과 동행했습니다. 우리는 일주일, 아니 하루도 주님과 동행하지 못하고 한 방향으로 나가지 못할 때가 많은데 300년 동안 그렇게 살았으니 정말 대단합니다.

하지만 300년 동안 에녹의 삶 가운데 아무런 어려움이 없었겠습니까?

넘어진 적이 없었겠습니까?

분명히 있었을 것입니다. 그런데도 에녹은 다시 하나님의 손을 붙잡고 일어나 하나님과 함께 걸어가는 것입니다. 그런 에녹이 하나님은 너무나 좋으셔서 죽음도 맛보지 않게 하시고 데리고 가신 것입니다.

한 방향으로 가는 데 필요한 것은 믿음입니다

주님과 한 방향으로 걸어가기 위해 가장 필요한 것이 무엇이겠습니까?

바로 믿음입니다.

아무리 상대와 동행을 하고 싶어도 상대를 믿지 못한다면 어떻게 동행을 할 수 있겠습니까?

주님과 동행하는 데 필요한 것은 주님을 향한 믿음입니다. 주님은 우리가 믿을 수 있는 분임에 틀림이 없습니다. 예수님은 '내가 곧 길이요 진리요 생명이라'(요 14:6)고 하셨습니다. '나로 말미암지 않고는 아버지께로 갈 자가 없다'(요 14:6)라고 하셨습니다. 우리는 내 인생을 살아간다고 하지만 내 인생의 앞길이 어떻게 펼쳐질지를 모릅니다.

하지만 주님은 인생의 길이 되신다고 말씀하십니다. 주님이 믿을 수 있는 분이라면, 주님이 우리 인생의 길이라면 주님을 믿어야 합니다. 주님을 믿고, 주님의 말씀을 온전히 믿으면 주님과 동행할 수 있습니다. 주님과 한 방향으로 걸어갈 수 있습니다.

4.
연결의 파트너가 되어야 합니다
(행 9:10-19)

이 세상의 모든 것은 연결되어 있습니다

이 세상은 모든 것이 연결되어 있습니다. 사람과 사람이 연결되어 있고 생각과 생각이 연결되어 있습니다. 마음과 마음도 연결되어 있습니다. 과거와 현재와 미래도 연결되어 있습니다.

제가 아름다운교회에 부임해서 사역하게 된 것도 다 연결, 연결되어서 오게 된 것입니다. 저는 원래 대구에서 목회하는 것이 싫었습니다. 대구는 너무 보수적이고 대구에 대한 이미지가 별로 좋지가 않았습니다. 그래서 신학대학원을 졸업하면서 서울 쪽으로 사역지를 알아보고 있었습니다.

하지만 사역지가 다 막혀 버렸습니다. 갈 기회 자체가 막힌 적도 있었고, 갈 수 있었는데 그때 상황 자체가 갈 수 있는 상황이 아니라서 못 간 적도 있었습니다. 여러 가지 사정으로 서울에서 사역할 수가 없어서 대구에서 부목사로 사역을 하게 되었습니다.

부목사로 사역하면서 하나님께서 대구에 대한 열정을 주셨고, 함께 사역했던 전도사님과 교회를 함께 개척하기로 했습니다. 그 교회가 제가 아름다운교회 오기 전에 사역했던 하늘샘교회였습니다. 처음부터 같이 개척을 해서 사역한 것은 아니지만 개척한 지 1년 정도 되었을 때 제가 담임목사로 부임을 해서 함께 사역하게 되었습니다.

그리고 3년 넘게 함께 동역하다가 더 이상 함께 사역할 수 없는 상황이 되어서, 저는 공대현 목사님을 통해 아름다운교회에 와서 설교를 하게 되었고 이렇게 아름다운교회 담임목사가 되어 사역하게 된 것입니다. 가만히 생각해 보면 다 연결되어 지금 이 자리까지 오게 된 것입니다.

제가 원하는 시기에 서울에서 사역할 수 있는 자리가 열렸다면 갔을 것입니다. 서울에서 사역의 자리가 열렸을 때 제가 갈 수 있는 상황이 허락만 되었다면 갔을 것입니다. 또한, 대구에서 사역하면서 함께 교회를 개척하고자 했던 그

전도사님을 만나지 않았다면, 하늘샘교회를 칠곡에서 개척하지 않았다면, 제가 공대현 목사님을 만나지 않았다면, 아름다운교회에서 사역할 수가 없었을 것입니다.

이 중에 어느 하나만 연결이 되지 않았다면 아름다운교회를 섬길 수가 없었을 것입니다. 물론 하나님의 섭리 가운데 진행된 것이지만, 결국 하나님께서는 연결의 파트너를 세우셔서 그 길을 인도하셨습니다. 저의 인생뿐만이 아니라 모든 사람들의 인생도 마찬가지인 것입니다.

연결의 힘이 창조를 만듭니다

2002년 오픈 이노베이션의 대명사로 불리는 다국적 기업 피앤지(P&G)의 새 최고경영자가 된 래플리는 "우리가 얻는 혁신 중 절반은 외부에서 가져오겠다"라고 선언을 하면서 '씨앤디'(C&D)라는 용어를 만들어냈습니다. 'C&D'는 영어로 'Connect and Development'의 약자입니다.

이는 내부의 지적재산과 외부의 지적재산을 결합해서(Connect) 더욱 뛰어난 제품을 개발(Development)하는 것을 말합니다. C&D가 갖는 힘을 가장 잘 보여준 것이 바로 '아이폰'의 출시였습니다.

2007년, 애플의 최고경영자였던 스티브 잡스가 전화기 하나를 선보였습니다. 아이팟과 인터넷과 전화를 하나의 디바이스로 합쳐 만든 '아이폰'이 그 주인공이었습니다. 아이폰의 출시는 우리에게 이전과는 완전히 다른 생활방식을 선물했습니다. 곧 스마트폰 시대가 활짝 열린 것입니다. 아이폰의 기능 중에서 애플이 독자적으로 개발한 것은 하나도 없었습니다. MP3 플레이어와 컴퓨터, 스마트폰 등은 스티브 잡스의 작품이 아니었습니다.

그러나 잡스는 서로 다른 것을 연결하고 새로운 관점으로 해석해 아이폰이라는 기적을 세상에 내놓았습니다. 이게 바로 C&D가 갖는 힘입니다. 연결이 갖는 힘입니다. 잡스는 이런 측면에서 창조를 '이미 존재하는 것들을 연결하는 힘이다'라고 표현을 했습니다. 물론 단순히 연결만 하면 되는 것은 아니지만 연결의 힘이 결국 창조를 만들어낸다고 말하고 있는 것입니다. 연결의 힘이 이렇게 지금의 나를 만들어냈고 새로운 것을 만들어내는 힘입니다.

하나님과의 연결이 가장 중요합니다

이 세상에서 가장 중요한 연결은 사람과 사람과의 연결이 아닙니다. 어떤 것과의 연결이 아닙니다. 바로 하나님과의 연결입니다. 아무리 좋은 사람과 연결되어 있고 아무리 좋은 것과 연결이 되어있다고 할지라도 하나님과 연결이 되어있지 않다면 그 사람은 불쌍한 사람입니다.

하지만 하나님과 연결된 사람은 행복한 사람입니다. 하나님과 제대로 연결된 사람은 사람과도 잘 연결이 되게 마련입니다. 위로 통하는 사람은 옆으로 통하게 되어있습니다.

사울의 연결 파트너 아나니아

사울은 예수 믿는 사람들을 잡아 가두기 위해서 공문서를 들고 다메섹으로 가는 길에서 예수님을 만나 눈이 멀었습니다. 그는 다른 사람의 손에 이끌려 다메섹까지 왔고 사흘 동안 보지도 못하고 먹지도 마시지도 않고 기도만 하고 있었습니다. 이때 주님께서 사울을 세우시기 위해 다메섹에 있는 아나니아라는 제자에게 환상 중에 이렇게 말씀하십니다.

> 직가라 하는 거리로 가서 사울이라는 사람을 찾으라 그가 기도하는 중이니라 그가 아나니아라는 사람이 들어와서 자기에게 안수하여 다시 보게 하는 것을 보았느니라 (행 9:11-12).

아나니아는 주님의 이 말씀을 들었을 때 당황스러웠을 것입니다. 왜냐하면, 사울이 어떤 사람인지 어느 정도 듣고 알고 있었기 때문입니다. 그래서 아나니아는 주님께 조금은 따지듯이 질문을 하고 있습니다.

"주님, 사울이라는 이 사람은 제가 듣기로는 예루살렘에서 많은 성도에게 해를 끼쳤다고 들었습니다. 그리고 다메섹에 온 것도 대제사장에게 권한을 받아 성도들을 결박하기 위해 왔다고 들었습니다.

이런 사울에게 제가 왜 가서 안수를 해 주어야 합니까?

계속 벌을 받도록 내버려 두어야 하는 것 아닙니까?" (행 9:13-14).

그러나 주님께서는 아나니아에게 이렇게 말씀하십니다.

> 아나니아야 그것은 네 생각이고 너는 사울에게 가라 사울은 내 이름을 이방인과 임금들과 이스라엘 자손들에게 전하기 위하여 택한 나의 그릇이다(행 9:15).

아나니아는 그제서야 하나님의 뜻을 깨닫고 사울을 찾아가 안수기도를 해 줍니다. 안수기도를 받은 사울의 눈에서 비늘 같은 것이 벗어져 다시 보게 되었고 그 자리에서 세례를 받습니다.

하나님께서는 사울을 하나님의 그릇으로 사용하시기 위해서 아나니아라는 연결의 파트너를 붙여 주셨습니다. 아나니아가 사울을 찾아가게 하셨습니다. 그의 안수기도를 통해서 바울의 눈에 있는 비늘을 벗기셨고, 바울은 다시 볼 수 있게 되었습니다.

특별히 하나님께서는 이방인에게 복음을 전하기 위한 이방인의 사도로 사울을 세우신 것입니다. 곧 하나님을 알지 못하는 이방인들을 하나님께로 연결하는 파트너로 바울을 세우신 것입니다. 이방인들 가운데 바울 때문에 예수님을 믿고 구원받은 사람들이 얼마나 많은지 모릅니다. 바울이 이방인 선교를 위한 연결 파트너가 되지 않았다면 이런 일이 일어날 수가 없는 것입니다.

하나님의 연결 파트너가 되어야 합니다

그리스도인은 이미 하나님께 연결된 사람입니다. 하지만 그리스도인은 단순히 하나님과 연결된 것으로 인해 만족하고 감사하는 것으로 그쳐서는 안 됩니다. 바울처럼 하나님을 알지 못하는 사람들을 하나님과 연결해 주는 연결의 파트너가 되어야 합니다.

왜 그렇게 해야 합니까?

그것이 주님께서 그리스도인에게 맡겨주신 사명이기 때문입니다. 하나님께서 이 세상을 만드시고 인간을 처음 만드셨을 때 하나님과 인간은 연결되어 있었습니다. 그런데 인간이 범죄함으로 그 연결고리가 끊어지고 말았습니다.

하지만 예수님께서 십자가에 못 박혀 돌아가심으로 하나님과 인간 사이에 끊어진 고리가 다시 연결되었습니다. 예수 그리스도의 피가 우리의 죄의 문제를 해결하시고 다시 하나님과 인간을 연결해 주었습니다. 예수님께서는 자신이 연결의 파트너가 되어서 하나님과 우리를 연결해 주셨던 것처럼 너희도 연결의 파트너가 되라고 말씀하십니다.

가지는 포도나무에 붙어있어야 합니다

요한복음 15장에 보면 포도나무 비유가 나옵니다. 포도나무 가지는 포도나무에 붙어있지 않으면 불쏘시개 밖에 안 됩니다. 가지는 나무에 붙어있어야 열매를 맺을 수 있습니다. 포도나무에 붙어있지 않은 가지는 이미 죽은 가지입니다. 포도나무에서 떨어져 나간 가지는 더 이상 뿌리로부터 영향 공급을 받지 못하기 때문에 죽은 가지입니다.

예수님은 '나는 포도나무요 너희는 가지라'(요 15:5)라고 말씀하셨습니다. 그리스도인들은 가지로써 포도나무에 붙어있는 존재들입니다. 하지만 예수님을 모르는 사람들은 자신들이 가지인지를 모릅니다. 이미 그들은 포도나무에 붙어있지 않은 죽은 가지인데 그것을 저들이 알지 못하는 것입니다.

그러므로 어떻게 해야 합니까?

그리스도인이 연결의 파트너가 되어 하나님과 저들을 연결해 주어야 합니다. 저들이 예수님께 붙은 가지가 되어 예수님의 생명을 공급받게 해야 합니다.

그리스도인은 전화교환원입니다

예전에 전화교환원이라는 직업이 있었습니다. 제가 어려서 시골에 살 때, 전화기는 지금처럼 번호만 누르면 곧바로 통화가 되는 전화기가 아니었습니다. 그 당시 전화기는 교환원에게 먼저 연결되었습니다. '몇 번 연결해 주세요'라고 하면, 교환원이 그 번호대로 연결해 주면 전화 통화를 할 수 있었습니다. 그때 당시는 전화가 있는 집이 그렇게 많지 않았기 때문에 전화번호도 두 자리였습니다.

상대방에게 전화하고 싶어도 전화교환원이 그 집 전화로 연결을 시켜주지 않으면 통화를 할 수가 없었습니다. 비록 전화교환원은 사라졌지만, 오늘날도 마찬가지입니다. 전화를 걸었을 때 상대가 전화를 받는 것은 연결 방식은 다르지만, 분명히 연결해 주는 장치가 있기 때문입니다. 마찬가지로 하나님을 먼저 믿은 우리가 바로 전화교환원의 역할을 해야 합니다. 믿지 않는 사람들을 하나님과 연결해 주는 연결의 파트너가 되어야 합니다.

연결의 파트너가 해야 할 일

그리스도인이 연결의 파트너가 되기 위해서 해야 할 일이 있습니다.

첫째, 구원의 길을 바르게 알려주어야 합니다.

왜 예수님을 믿으면 구원을 받는지 구체적으로 알려주어야 합니다. 복음을 받아들이냐 받아들이지 않느냐는 우리가 해결할 수 있는 문제가 아닙니다.

> 하나님 앞과 살아 있는 자와 죽은 자를 심판하실 그리스도 예수 앞에서 그가 나타나실 것과 그의 나라를 두고 엄히 명하노니 너는 말씀을 전파하라 때를 얻든지 못 얻든지 항상 힘쓰라 범사에 오래 참음과 가르침으로 경책하며 경계하며 권하라(딤후 4:1-2).

우리가 해야 할 역할은 때를 얻든지 못 얻든지 구원의 진리를 제대로 알려주는 것입니다.

전깃불이 우리나라에 들어온 지 얼마 되지 않았을 때의 일입니다. 시골에 사는 노인이 서울 아들 집에 갔다가 밤에 전깃불을 처음 보았습니다. 그 밝기가 얼마나 밝은지 대낮과도 같았습니다. 노인이 낮에 그것을 살펴보니 전구와 소켓과 전선이 전부였습니다. 노인은 시골에 가서 전깃불을 설치하기 위해서 아들에게 전구와 소켓과 전선을 사다 달라고 부탁을 했습니다.

노인은 시골로 돌아와서 동네 사람들에게 서울에서 구경한 여러 가지를 침이 마르도록 자랑하였습니다. 무엇보다도 햇빛 같은 전깃불을 사 왔다고 자랑을 늘어놓았습니다. 그리고 노인은 동네 사람들에게 오늘 저녁에 어두워지면 전깃불을 보여 줄 테니 자기 집으로 모이라고 하였습니다. 노인은 전선을 마당에 쳐 있는 빨랫줄에다 연결하고 저녁이 되기를 기다렸습니다.

저녁이 되었을 때, 동네 사람들이 서울에서 사 온 전깃불을 구경하러 노인 집에 가득 모였습니다. 노인은 날이 점점 어두워지자 이제 전깃불을 보여주겠다며 일어나 전등의 스위치를 켰습니다.

"탁!" 하는 소리는 서울에서와 똑같이 나는데 전깃불은 들어오지 않았습니다. 아무리 다시 켜도 전깃불은 들어오지 않았습니다.

왜 전깃불이 들어오지 않았을까요?

전선을 빨랫줄에다 연결했기 때문입니다. 노인은 전깃불이 켜지는 원리를 모르고 그저 전구와 소켓과 전선만이 있으면 되는 줄 알았던 것입니다.

이 노인에게 전깃불이 켜지는 원리를 누가 제대로 가르쳐 주어야 했습니까?

아들입니다. 아들이 아버지에게 전깃불이 켜지는 원리를 제대로 알려주었다면 이런 망신을 당하지 않았을 것입니다. 세상에는 아직 구원을 얻는 길, 영생을 얻는 길을 모르는 사람들이 너무나 많습니다. 그들에게 예수 그리스도를 믿음으로 죄 사함을 받고 구원 얻을 수 있는 길을 알려주어야 합니다.

둘째, 믿는 자로서 삶의 본을 보여야 합니다.

지금 그리스도인이 하나님과 예수 믿지 않는 사람들을 연결해 주지 못하는 가장 큰 이유 중의 하나가 믿는 자로 사는 삶을 제대로 살지 않기 때문입니다. 그리스도인은 분명히 예수 믿지 않는 사람들에게 구원의 길을 제대로 안내해 주어야 합니다. 그것에 더해 예수 믿는 자로써 삶의 본을 보여주어야 합니다.

아무리 예수 믿어야 구원을 받는다고 알려주어도 우리의 삶이 저들이 보기에 신뢰할 만한 삶이 아니라면 '당신이나 예수 제대로 믿으라'는 소리를 들을 수밖에 없습니다.

오늘날과 같이 그리스도인에 대한 신뢰가 떨어져 있는 상황 가운데는 더더욱 이것이 중요합니다. 말뿐인 그리스도인이 아니라 행동하는 그리스도인이 되어야 합니다. 세상에서 소금과 빛의 역할을 감당하는 그리스도인이 되어야 합니다.

🌿 연결의 파트너가 되는 것은 사명입니다

하나님과 믿지 않는 사람을 연결해 주는 연결의 파트너는 우리가 해도 되고 안 해도 되는 일이 아닙니다. 이것은 하나님의 백성에게 주신 명령이요 교회에 주신 명령입니다. 예수님께서는 '온 천하에 다니며 만민에게 복음을 전파하라'(막 16:15)라고 명령하셨습니다. '너희는 가서 모든 민족을 제자로 삼아 아버지와 아들과 성령의 이름으로 세례를 베풀라'(마 28:19)고 명령하셨습니다. 또한, 하나님께서는 하나님의 소원을 이렇게 말씀하고 계십니다.

하나님은 모든 사람이 구원을 받으며 진리를 아는 데에 이르기를 원하시느니라(딤전 2:4).

하나님의 소원은 모든 사람이 구원을 받고 진리 곧 예수 그리스도를 아는데 이르기를 원하시는 것입니다. 이 소원을 이루어 드려야 할 사람은 바로 하나님의 자녀 된 우리입니다.

5.
함께 하면 한계를 뛰어넘을 수 있습니다
(롬 16:3-16)

 사일로 효과(Silos Effect)

테러 역사상 가장 많은 사상자가 발생한 9·11테러 사건 진상조사위원회에서 21개월간 진행한 조사 결과를 발표했습니다. 방대한 자료와 수많은 인터뷰를 종합한 이 보고서에 의하면, FBI, CIA, 백악관 등이 테러리스트들의 정보를 공유하고 협력했더라면 충분히 테러를 막을 수 있었다고 합니다. 당시 각 정보기관은 자신들이 보유하고 있는 정보를 독점하고, 다른 정보기관들의 활동에 대해서는 무관심하거나 경쟁적 관계로 인식하고 있었던 것입니다.

이 무렵, 부서 이기주의를 뜻하는 '사일로 효과'(Silos Effect)에 대한 관심이 높아졌습니다. '사일로 효과'는 서로 다른 부서와 담을 쌓고 자신들의 부서 이익만을 추구하는 현상을 말합니다. 9·11테러에서 얻을 수 있는 교훈이었지만, 많은 기업이 이 '사일로 효과'에 주목했던 데는 그만한 이유가 있습니다. 기업 내 부서장들 간의 권력 경쟁, 불명확한 업무영역, 책임 한계에 따른 선별적 업무처리 등으로 정작 회사보다 개인 또는 부서 위주의 경영이 이루어지는 경향이 점점 커졌기 때문입니다.

부서 이기주의는 기업이 비대해지면서 발생하는 경우가 많습니다. 사일로 효과는 비단 기업만의 문제는 아닙니다. 공동체라면 언제든지 사일로 효과가 나타날 수 있습니다. 서로 소통하지 않으면 어려움을 당할 수밖에 없습니다.

했더라면 & 함께라면

세상에서 가장 맛이 없는 라면은 어떤 라면일까요?

'했더라면'이라고 합니다. '그때 그 일을 했더라면 좋았을 텐데' 하면서 사람들은 대부분 후회한다는 것입니다. 그래서 세상에서 가장 맛이 없는 라면은 '했더라면'이라고 합니다.

그렇다면 세상에서 밥을 먹는 것보다 더 힘이 나는 라면은 어떤 라면일까요?

'함께라면'입니다. '혼자라면'을 먹으면 먹어도 힘이 없지만, '함께라면'을 먹으면 마치 뽀빠이가 시금치를 먹고 힘을 내는 것처럼 우리에게는 힘이 솟아나는 것입니다.

한계를 뛰어넘은 아이들

태국 푸켓 근처에 자연경관이 아름다운 바다 한가운데, 물 위에 둥둥 떠 있는 수상가옥 마을 "꼬 판히"(Koh Panyee)가 있습니다. 이 마을 아이들은 TV로 축구를 즐겨보지만, 실제로는 축구를 한 번도 해본 적이 없었습니다. 아이들은 보트 경주를 즐겼고, 화젯거리는 잡은 생선 크기에 관한 것뿐이었습니다.

그러던 어느 날, 한 아이가 축구팀을 만들자고 아이디어를 냈습니다. 마을 사람들은 이 계획을 듣고는 비웃었습니다.

"너희들은 할 수 없어!"

아이들의 기를 꺾어버리는 이 말도 이해가 되는 것이 수상가옥이 다닥다닥 붙어있는 이 마을에서는 축구 경기를 할 공간조차 없었던 것입니다. 그렇지만 아이들은 희망을 버리지 않았습니다. 그날부터 아이들은 마을 여기저기에 널려있는 나무판자들을 모아서, 엄청난 노력 끝에 작은 운동장을 만들었습니다.

그러나 운동장은 울퉁불퉁하고, 삐걱거리고, 튀어나온 못 투성이였습니다. 공이 자주 바닷물에 빠져 공을 줍기 위해 자주 바닷물에 들어가야 했습니다. 하지만 운동장이 작았기 때문에 아이들의 발 놀림은 정말 좋아졌습니다.

어느 날, 나라에서 개최하는 축구시합에 참여하기로 하였습니다. 그러나 아이들은 자신들의 실력이 어떤지 알 수 없었기에, 모두 기가 꺾여버렸습니다. 하지만 경기를 하고 보니 생각했던 것보다 축구를 잘했습니다. 드디어 아이들은 준결승까지 올라갔습니다. 그 후 온 동네 사람들은 이 청소년 축구팀을 무척 자랑스러워했고, 축구는 이 마을의 최고 인기 종목이 되었습니다. 이 이야기는 태국 남부 최고의 팀 중의 하나가 된 판이(Panyee) 축구팀의 실화입니다.

이 축구팀은 2004년부터 2010년까지 7번에 걸쳐 태국 남부 청소년 축구 챔피언이 되었습니다. 수상가옥이라는 한계를 뛰어넘고 챔피언의 자리에까지 오를 수 있었던 것은 아이들이 함께했기 때문입니다. 혼자라면 불가능했던 일이었습니다. 혼자라면 생각조차 할 수 없는 일이었습니다. 하지만 함께 하니 기적을 일으킨 것입니다. 상상할 수 없는 놀라운 기적이 함께 함으로 일어난 것입니다.

사도 바울이 위대한 이유

오늘 말씀에 보면 사도 바울이 로마서를 마무리하면서, 수많은 믿음의 동역자들의 이름을 기록하고 있습니다. 무려 37명의 이름이 나열되어 있습니다. 사도 바울을 떠올리면 생각나는 단어가 '강인함'입니다. '열정'입니다. 복음을 위해서라면 목숨도 아끼지 않고 어떤 일이든 밀어붙이는 불도저와 같은 이미지가 떠오릅니다. 수백 명이 달려들어도 이룰 수 없는 일을 혼자 감당하는 슈퍼맨이라는 느낌이 듭니다.

사도 바울은 아시아와 유럽을 돌아다니면서 교회가 없는 곳에는 교회를 세우고, 수많은 고난과 어려움 속에서도 오직 복음 전하는 일에만 전념하였습니다. 저에게 사도 바울과 같이 살 수 있겠느냐고 묻는다면 '저는 솔직히 그렇게 못삽니다'라고 대답을 할 수밖에 없습니다. 감히 근접할 수 없는 비교 불가한 영적 지도자라는 생각이 듭니다.

하지만 오늘 말씀을 보면, 사도 바울이 그렇게 많은 일을 이룬 것이 혼자의 열심만으로 이룬 것이 아니라는 것을 알 수가 있습니다. 바울은 로마교회에 보내는 편지를 마무리하면서 기록해야 할 필요성이 있다고 생각한 동역자 37명만 기록한 것입니다. 이 외에 사도 바울이 사역을 하면서 함께 동역했던 사람들을 다 기록한다면 아마도 수백 명은 족히

넘을 것입니다.

우리는 여기서 진정한 사도 바울의 위대성을 볼 수가 있습니다. 사도 바울의 위대성은 그 자신의 능력에 있지 않았습니다. 바울은 히브리인 중의 히브리인이요, 가말리엘 문하생이요, 헬라 학문에 정통한 사람이오, 천국에 다녀올 정도로 영적인 깊이가 대단한 사람이었습니다.

하지만 사도 바울의 위대성은 하나님의 복음을 증거하는 사역에 동역자와 함께할 줄 아는 능력에 있습니다. 사도 바울은 결코 혼자 일한 것이 아닙니다. 수많은 동역자를 키워 주었고, 그 동역자와 함께 하나님의 많은 일을 이루었습니다.

주변에 보면 유능하고 똑똑한 사람들이 있습니다. 이런 사람들에게 작은 일을 맡기면 잘 이루어 냅니다. 스스로 능력이 있으니 충분히 감당해 내는 것입니다. 그런데 조금만 큰일을 맡기면 제대로 이루어 내지 못하고 우왕좌왕합니다. 그것을 혼자서 감당해 낼 능력이 부족하기 때문입니다. 하지만 더 큰 이유는 동역할 줄 모른다는 데 있습니다. 작은 일은 자기 혼자 힘으로 감당해 낼 수 있지만, 더 큰일은 혼자 힘으로 감당할 수가 없기 때문입니다.

함께 하면 한계를 뛰어넘을 수 있습니다

함께 하면 그 속에 엄청난 에너지가 나옵니다. 우리가 생각지도 못한 힘이 그 속에서 나옵니다. 명심보감에 보면 '주식형제천개유'(酒食兄弟千個有), '급난지붕일개무'(急難之朋一個無)라는 말이 나옵니다. 이 말은 술 먹고 밥 먹을 때 형, 동생 하는 친구는 천 명이나 있지만, 급하고 어려울 때 막상 나를 도와주는 친구는 한 명도 없다는 말입니다.

오늘날같이 어려운 현실 가운데 이런 일을 경험하고 있는 분들이 많을 것입니다. 하지만 어려움 속에 처한 사람을 외면하는 사람은 그것으로 인해 당장 자신에게 손해가 되는 것은 없을 수 있지만, 그 사람은 늘 자신의 한계 속에 살아갈 수밖에 없는 사람입니다.

왜냐하면, 그 사람이 어려움을 당할 때 도와줄 사람이 없기 때문입니다. 혼자서 어려움을 헤쳐 나가는 것은 만만치 않은 일입니다. 하지만 누군가 도와주고 함께 해 주면 어려움을 헤쳐 나갈 수 있는 것입니다.

인도에서 태어나 티베트에 기독교를 전파한 '인도의 성자'라고 불리는 썬다 싱이라는 분이 있습니다. 어느 추운 겨울, 썬다 싱은 다른 한 사람과 함께 눈보라가 몰아치는 하얀 벌판을 걸어가고 있었습니다. 이들은 추위로 몹시 지쳐 있었고 마을에 일찍 도착해야만 살 수 있기에 종종걸음으로 발걸음을 재촉했습니다.

그런데 한참을 걸어가고 있을 때 길에 쓰러져 신음하고 있는 한 노인을 발견합니다. 이 노인을 발견한 썬다 싱이 함께 가는 사람에게 이렇게 말했습니다.

"이 사람을 데리고 갑시다. 그냥 두면 이 추위에 얼어 죽고 말 것입니다."

그러자 옆에 있는 사람은 이렇게 말합니다.

"안 됩니다. 빨리 마을에 도착해야 하는데 저 사람을 데려가면 우리마저 죽게 될 것입니다."

결국, 두 사람 사이에 실랑이가 벌어졌고 썬다 싱과 동행했던 사람은 썬다 싱에게 화를 내며 혼자 가버렸습니다.

썬다 싱은 하는 수없이 쓰러진 노인을 업고 걷기 시작했습니다. 혼자 걷기도 힘든 눈보라 치는 길을 노인을 업고 가니 온몸에서 땀이 비 오듯 흘러내렸습니다. 더운 기운 때문인지 노인은 점차 기운을 되찾기 시작했고 한참을 걸어서 마을의 불빛을 발견할 수 있었습니다.

그런데 썬다 싱은 마을 입구에 거의 다다랐을 때 흰 눈에 뒤덮여 꽁꽁 얼어있는 시체를 발견하게 됩니다. 그 시체는 썬다 싱에게 화를 내고 먼저 간 사람의 시체였습니다. 혼자 살겠다고 간 사람은 동사(凍死)했지만, 쓰러진 불쌍한 노인을 지나치지 않고 등에 업고 힘들게 길을 걸어갔던 썬다 싱은 자신뿐 아니라 불쌍한 노인까지 살릴 수 있었습니다. 이것이 함께 함의 능력입니다.

MBC에서 22년 동안 방영한 '전원일기'라는 농촌드라마가 있었습니다. 그 드라마에서 '일용이 엄마' 역할을 맡았던 분이 김수미 씨입니다. 김수미 씨가 심각한 우울증으로 고통을 겪고 있을 때였습니다. 나쁜 일은 한꺼번에 온다고 김수미 씨의 남편이 사업 실패를 하면서 빚더미에 올라앉아 쩔쩔매는 상황까지 맞게 되었습니다.

돈이 많았던 친척들도 김수미 씨를 외면했습니다. 김수미 씨는 급한 대로 동료들에게 아쉬운 소리를 하면서 몇백만 원씩 돈을 빌리고 있었습니다. 그런데 그 사실을 안 텔런트 김혜자 씨가 김수미 씨에게 정색하며 이렇게 말했습니다.

"얘, 넌 왜 나한테 돈 빌려달라는 소리 안 해?

추접스럽게 몇백만 원씩 꾸지 말고, 필요한 돈이 얼마나 되니?"

김혜자 씨는 이렇게 말하면서 김수미 씨 앞에 통장을 꺼내 놓았습니다. 그리고 이렇게 말을 이어 갔습니다.

"이거 내 전 재산이야. 나는 돈 쓸 일 없어. 다음 달에 아프리카 가려고 했는데, 아프리카가 여기 있네. 다 찾아서 해결해. 그리고 갚지 마. 혹시 돈이 넘쳐나면 그때 주든가."

김수미 씨는 그 통장을 받아, 그때 지고 있던 빚을 모두 청산했습니다. 그 돈은 나중에야 갚을 수 있었지만, 피를 나눈 형제도 아니고 친해봐야 남인데 전 재산을 내어 준 김혜자 씨에게 김수미 씨는 큰 감동을 받았습니다. 김수미 씨는 입장이 바뀌어 김혜자 씨가 그렇게 어려웠다면, 자신은 그럴 수 없었을 것이라고 말했습니다. 김수미 씨는 이 일을 겪으면서 김혜자 씨에게 이렇게 말했다고 합니다.

"언니, 언니가 아프리카에 포로로 납치되면 내가 나서서 포로교환하자고 말할 거야. 나 꼭 언니를 구할 거야."

김수미 씨는 그렇게 힘들고 어려울 때 자신을 위해 기꺼이 전 재산을 내어준 김혜자 씨에게, 자신의 목숨도 내놓을 수 있을 정도의 강한 사랑을 가지게 된 것입니다.

제가 아름다운교회에서 위임 감사예배를 드릴 때, 얼마나 감격스럽고 감사했는지 모릅니다. 아름다운교회 성도들을 비롯한 많은 사람들이 진심으로 축하해 주셔서 너무나 감사했습니다. 저는 위임 감사예배 때 설교하신 목사님이 하신 말씀 가운데 '함께'라는 단어를 마음속에 가슴 깊이 새겼습니다.

저는 대구 동노회 담임목사 중에서 나이가 제일 어린 목사 중에 속합니다. 젊다는 것은 그만큼 활기가 있다는 것도 되지만, 아직은 경험도 부족하고 만들어가야 하는 과정 가운데 있음을 의미하는 것입니다. 이렇게 부족한 저와 아름다운교회 성도들이 함께 해 주시겠다는 것이 너무나 감사했습니다.

저는 부족하지만, 우리 성도들과 함께라면 무엇이든지 할 수 있을 것 같다는 생각이 들었습니다. 우리 성도들과 함께라면 한계를 뛰어넘을 수 있을 것 같다는 생각이 들었습니다.

함께 한다는 것은 각자의 역할을 잘 감당하는 것입니다

함께 한다는 것은 힘을 합한다는 의미도 있지만, 각자의 역할을 잘 감당한다는 의미도 있습니다. 사도행전 6장에 보면 초대교회 가운데 구제하는 것 때문에 문제가 생겼을 때 사도들이 이렇게 말씀합니다.

> 우리는 오로지 기도하는 일과 말씀 사역에 힘쓰리라 (행 6:4).

이 말씀은 사도들이 이젠 다른 것은 안 하겠다는 것입니다. 사도가 해야 할 일인 기도하고 말씀 전하는 일만 하겠다는 것입니다. 일을 안 하겠다는 것이 아니라 동역하겠다는 것입니다. 우리는 오직 말씀 전하는 것과 기도하는 것에 전력을 다할 테니, 나머지 모든 교회 일들은 일곱 집사를 세워 맡기겠다는 것입니다. 목사가 목사로서 해야 할 역할을 잘 감당하고, 장로는 장로로서 권사는 권사로서 집사는 집사로서 성도는 성도로서 역할을 잘 감당하는 것이 바로 함께 하는 것입니다.

대부분의 사람들은 영화를 보면 주인공에게만 집중할 때가 많습니다. 주인공에게 집중할 뿐만 아니라 자신들이 주인공이 되고 싶어 합니다. 하지만 영화 속의 주인공은 한 사람뿐입니다. 그런데 중요한 것은 영화가 주인공 한 사람만으로 만들어질 수는 없다는 것입니다. 영화가 완성되기까지 주변에 수많은 사람의 수고가 있습니다. 감독은 감독으로 스텝들은 스텝으로 조연은 조연으로 그 역할을 잘 해 줄 때 영화가 완성됩니다.

그래서 배우가 영화제에서 수상소감을 발표하면서 빠뜨리지 않는 것이 무엇입니까?

감독님과 모든 스태프에게 이 영광을 같이 나누고 싶다는 것입니다. 자신이 이 상을 받을 수 있는 것은 혼자의 힘이 아니라 모든 사람이 함께 해 주었기 때문이라 말해 주고 있는 것입니다.

이 세상에 외딴섬은 없습니다

이 세상에 외딴섬은 없습니다. 이 말을 들으시면서 이렇게 말씀하시는 분이 있으실 것입니다.

"목사님 무슨 말씀입니까?

우리나라에도 외딴섬이 얼마나 많은데요."

그런데 바닷속에 한 번 들어가 보십시오. 결국, 모든 섬이 연결되어 있음을 알 수 있습니다. 땅과 섬도 다 연결되어 있고 결국 하나입니다. 세상도 똑같습니다. 욕하고 이간질하고 분열하는 일이 결국 제 몸에 상처 내는 것임을 알아야 합니다. 우리는 하나입니다. 우리는 모두 연결된 존재입니다. 너와 나는 다르지 않습니다. 그래서 우리는 함께 해야 합니다.

함께 할 수 있는 비결

함께 하기 위해서는 마음을 같이해야 합니다. 곧 마음이 하나가 되어야 합니다. 몸으로 함께 할 수 없어도 마음만이라도 함께 하면 한계를 넘을 수 있습니다. 교회를 하나님께서 기뻐하시는 교회로 만들 수 있습니다. 아트설교연구원에서 같이 공부했던 목사님 가운데 상주 부원교회 박훈대 목사님이 계십니다. 목사님이 이런 이야기를 해 주셨습니다.

2012년 9월에 상주지역 연합부흥회 때 부산 수영로교회 원로목사님이신 정필도 목사님이 오셔서 부흥회를 인도했다고 합니다. 박훈대 목사님은 부흥회를 다 마치고 잠시 인사라도 드려야 되겠다는 생각이 들어서 정필도 목사님을 찾아가셨다고 합니다. 마침 아무도 안 계셔도 그 자리에서 안수기도도 받으시고 목회에 관해서 대화를 나누는 가운데 박훈대 목사님이 정필도 목사님께 질문을 했다고 합니다.

"목회하는 데 어떤 성도가 필요합니까?"

그때 그토록 많은 사람과 오랜 기간을 목회하시고 은퇴하신 정필도 목사님께서 하시는 말씀이 '돈이 많은 사람도 아니고, 권력이 있는 사람도 아니고, 아론과 훌처럼 목회자를 도우려고 하는 마음이 있는 성도가 힘이 되는 성도'라고 대답하시더라는 것입니다.

도우려고 하는 마음이 어떤 마음입니까?

목회자와 한마음이 되고자 하는 마음이 아니겠습니까?

제가 영남제일교회 부목사로 있을 때 저를 사랑해 주시고 늘 좋은 말씀을 해 주신 장로님이 한 분 계셨습니다. 이 장로님을 제가 좋아하는 이유 중의 하나는 자신과 뜻이 맞지 않더라도 마음을 모아주신다는 것입니다. 당회에서 어떤 부분이 결정되기까지 자신의 의견을 충분히 다 이야기를 하십니다.

하지만 당회에서 결정된 사항이 자신의 의견과 다르다고 할지라도 깨끗이 자신이 주장했던 것을 내려놓으시고 결정된 사항에 마음을 모아주신다는 것입니다. 마음이 함께 모이면 결국 그것이 엄청난 힘을 발휘하게 되는 것입니다. 한계를 뛰어넘게 되는 것입니다.

장미와 가장 어울리는 꽃이 어떤 꽃일까요?

안개꽃입니다. 장미꽃의 꽃말은 '사랑'입니다. 안개꽃의 꽃말은 '영원한 슬픔'입니다. 꽃말만 보면 '사랑'과 '영원한 슬픔'은 전혀 어울릴 수 없을 것 같습니다. 하지만 장미와 안개꽃이 마음을 하나로 모으니까 가장 아름다운 꽃다발이 되는 것입니다.

교회 안에서도 만나면 기분 좋고 마음이 편한 사람이 있는가 하면, 왠지 만나는 것이 꺼려지고 만나기 싫은 사람도 있습니다. 편한 사람과 마음을 모으는 것은 그렇게 어렵지 않습니다. 하지만 싫은 사람과 마음을 모으는 것은 결코 쉬운 일이 아닙니다. 하지만 서로 조금씩 양보해서 그 마음을 함께 하면 상상할 수 없는 에너지가 그 속에서 나오게 됩니다.

주님과 함께해야 합니다

그런데 우리끼리만 함께 하면 안 됩니다. 그 속에 주님이 함께 해야 합니다. 우리가 서로 마음을 함께 하고 한계를 뛰어넘어 놀라운 결과를 이루었다고 해도, 그곳에 주님이 없으면 아무것도 아닙니다. 교회의 주인도 주님이시고 우리의 삶의 주인도 주님이십니다. 우리가 주님을 중심으로 함께 할 때 주님께서는 우리를 통하여 놀라운 일을 이루실 것입니다.

제2부

믿음이 하나님의 사람을 만듭니다

6. 믿음의 훈련이 우릴 강하게 합니다

7. 믿음이 당당하게 합니다

8. 절망의 해독제는 믿음입니다

9. 믿음은 포기하지 않는 것입니다

10. 믿음으로 상상하면 현실이 됩니다

6.
믿음의 훈련이 우릴 강하게 합니다
(욥 23:1-10)

 습관이 나를 만듭니다

문제를 하나 내겠습니다. 맞춰 보십시오.

"나는 당신의 영원한 동반자입니다. 또한, 당신의 가장 훌륭한 조력자이자 가장 무거운 짐이 되기도 합니다. 나는 당신을 성공으로 이끌기도 하고 실패의 나락으로 끌어내리기도 합니다. 나는 전적으로 당신이 하는 대로 그저 따라갑니다. 그렇지만 당신 행동의 90%가 나에 의해 좌우됩니다. 나는 당신의 행동을 빠르고 정확하게 좌지우지합니다. 나에겐 그것이 매우 쉬운 일입니다. 당신이 어떻게 행동하는지 몇 번 보고 나면 나는 자동으로 그 일을 해냅니다.

나는 위대한 사람들의 하인일 뿐 아니라 실패한 모든 이들의 주인이기도 합니다. 나는 인공지능 기계처럼 정밀하기도 하지만 그렇다고 해서 기계는 아닙니다. 나를 당신의 이익을 위해 이용할 수도 있고, 당신의 실패를 위해 사용할 수도 있습니다. 당신이 어떻게 되든 나와는 아무런 상관이 없습니다.

나를 착취하십시오. 나를 훈련하십시오. 나를 확실하게 당신 것으로 만든다면 나는 당신의 발 앞에 원하는 것을 가져다줄 것입니다. 그러나 나를 가볍게 여긴다면 난 당신을 파멸의 길로 이끌 것입니다."

나는 무엇일까요?

정답은 '습관'입니다.

우리가 어떤 습관을 가지느냐가 우리 인생을 좌우한다고 해도 과언이 아닐 것입니다.

습관이라는 것이 무엇입니까?

나도 모르게 내 몸이 반응하는 것입니다. 이 습관은 끊임없는 반복과 훈련을 통해서 내 몸에 습득된 것입니다. 나도 모르게 나오는 것입니다.

훌륭한 선수들은 연습벌레입니다

　미국 프로야구 메이저 리그에서는 평범한 실력의 투수라 해도 마운드에서 공을 던져 포수에게 이르는 시간이 0.35-0.40초에 불과하다고 합니다. 그리고 타자가 공을 치기 위해 배트를 휘두르는 데 걸리는 시간은 대략 0.25-0.30초 사이가 된다고 합니다. 이렇게 보면 타자가 투수의 던진 공을 보고 방망이를 휘두를지를 결정할 시간은 0.1초 정도밖에 안 된다는 이야기입니다. 정말 눈 깜빡하기도 모자란 시간이지만 타자들은 공을 제대로 쳐 낸다는 것입니다.

　우리가 보기에는 날아오는 공을 보고 타자가 공을 치는 것 같지만, 그것이 아니라 타자는 이미 투수가 공을 던지는 순간 마음을 결정하고 방망이를 휘두르는 것입니다.

　이것이 어떻게 가능할까요?

　공이 투수의 손을 떠나는 순간 어떤 공이 올지를 예상하고 방망이를 휘두르는 훈련을 끊임없이 했기 때문입니다. 이런 훈련이 없이는 그 빠른 공을 칠 수가 없습니다. 그래서 훌륭한 선수들은 다 연습벌레입니다. 훌륭한 선수는 그냥 되는 것이 아닙니다.

강한 군사는 믿음의 훈련을 통해 만들어집니다

하나님께서는 하나님의 자녀들이 강한 군사가 되기를 원하십니다. 그냥 무게만 잡는 군사가 아니라 마귀와의 영적 전쟁 가운데 싸워 이길 수 있는 강한 군사가 되기를 원하십니다. 강한 군사는 그냥 되는 것이 아닙니다. 믿음의 훈련을 통해서 만들어집니다. 끊임없는 연단의 과정을 통해서 다듬어져서 만들어지는 것입니다.

옛날 시골에서 쥐가 많아서 쥐를 잡기 위해 쥐약을 놓던 때가 있었습니다. 통상 쥐약은 고기와 섞어서 쥐가 잘 다니는 곳에 놓아두었습니다. 그런데 문제는 개들이 쥐약을 먹고 죽는 경우가 많았습니다. 그래서 한 주인이 개를 훈련하기 위해 고기를 개 앞에 두고서 개가 먹으려고 하면 매질을 하였습니다. 개가 입맛만 다셔도 회초리로 때렸습니다.

그렇게 하기를 수십 번 반복하니 이제는 개가 고기를 먹지 않습니다. 고기를 개 앞에 두어도 입맛을 다시지도 않고 주인의 얼굴을 바라봅니다. 주인의 눈치부터 보는 것입니다. 결국, 마을의 개들은 쥐약을 먹고 다 죽었지만, 주인에게 매질을 당하며 매정하게 훈련받은 개는 살았습니다.

 **역경은 하나님이 사랑하시는 증거입니다**

하나님께서 우리를 혹독하게 훈련할 때가 있습니다. 우리가 너무 섭섭하게 느껴질 정도로 매정하게 단련을 시키실 때가 있습니다. 하나님이 선하신 분이라면 이렇게 나를 대하실 수 있을까 하는 마음이 들 정도로 훈련을 시키십니다. 『스피치의 매력에 빠지라』라는 책을 쓴 빈현우 씨가 이런 말을 했습니다.

> 신이 있다면, 신은 나를 사랑하시는 것이 분명하다. 그러니 나에게 역경을 주셨다. 그리고 그 역경을 이겨내는 과정을 통해서만 발견할 수 있는 다른 많은 것들을 주셨다. 결코, 그냥은 줄 수 없었기에 말이다. 그냥 주면 내가 알아서 먹지 못하기에. 역경을 주어 나를 단련시키고 시험하고 훈련한 것이다. 그렇다. 역경이 있다는 것은 신이 나를 사랑한다는 증거임이 분명하다.

예수를 믿지 않는 사람의 고백 속에서도 역경이 있다는 것은 신이 나를 사랑하는 증거라고 말하고 있습니다. 하나님께서는 우리를 힘들게 하려고 우리에게 역경을 주시고 단련시키시는 것이 아니라 사랑하시기 때문입니다. 하나님만 바라보게 하시기 위함입니다.

욥의 고백

오늘 말씀에는 믿음의 훈련을 받는 한 사람의 고백이 나와 있습니다. 이 고백은 바로 욥의 고백입니다. 욥은 생각하지 못한 고난을 겪게 됩니다.

욥은 자신이 가진 재물을 순식간에 다 잃어버렸습니다. 10명의 생명 같은 자식들도 다 죽고 말았습니다. 욥의 온몸에 종기가 나서 질그릇 조각을 가지고 긁어도 그 가려움을 어떻게 할 수가 없었습니다. 이 모습을 보고 그렇게 사랑했던 아내마저 '하나님을 욕하고 죽으라'고 까지 말했습니다. 친구들도 찾아와서 욥에게 위로와 소망을 주는 것이 아니라 오히려 욥을 더 힘들게 하였습니다.

그들은 욥이 고난받는 것은 욥의 죄 때문이라고 말을 했습니다. 그런데 욥을 정말 힘들게 하고 답답하게 하는 것은 하나님의 침묵이었습니다. 욥은 하나님께서 자신의 말을 듣고 자기편이 되어 줄 것이라고 생각했습니다. 그 하나님을 찾기 위해 앞으로 가보고 뒤로도 가보았지만, 하나님을 만날 수가 없었습니다. 하나님께서 왼쪽에서 일하시는 것 같아 그곳에 가 보아도 안 계시고, 오른쪽으로 돌이켜 보아도 하나님을 뵐 수가 없었습니다.

이 정도 되면 욥이 좌절하고 절망해야 할 것 같지 않습니까?

자신이 애매하게 고난을 겪고 있는 것 같은데 하나님은 어디 가도 만날 수 없고 침묵하고 계시니 얼마나 힘이 들겠습니까?

하지만 욥은 이렇게 고백하고 있습니다.

> 그러나 내가 가는 길을 그가 아시나니 그가 나를 단련하신 후에는 내가 순금같이 되어 나오리라(욥 23:10).

욥은 비록 하나님이 침묵하고 계시지만 분명히 한 가지 확신하고 있는 것이 있었습니다. 그것은 하나님께서 여전히 자기를 지켜보고 계시고 자기가 가는 길을 알고 계신다는 것입니다. 그러므로 결국 하나님께서 자신을 단련하신 후에 순금같이 나오게 하리라는 것을 확신하고 있습니다.

비록 욥은 고난 가운데 있었지만, 그 고난이 하나님께서 자신에게 주시는 믿음의 훈련임을 알고 있었습니다. 그것을 통해서 자신이 순금같이 나올 것을 알고 있었던 것입니다. 그래서 친구들이 비난하는 소리 가운데서도 욥은 더 강해지고 있는 것입니다.

 **믿음의 훈련이 우리를 강하게 하는 이유**

믿음의 훈련이 왜 우리를 강하게 하는 것일까요?

대한민국 군인 가운데 가장 강한 군인이 어떤 군인일까요?

공수부대나 해병대가 가장 강한 군인이 아닐까 하는 생각이 듭니다.

왜 이들을 가장 강한 군인이라고 이야기할 수 있는 것일까요?

그것은 그들이 가장 강도 높은 훈련을 받기 때문입니다. 저는 비록 육군출신이지만 저희 형님도 제 동생도 해병대 출신입니다. 한 번은 동생 면회를 갔는데 머리 중심부에 머리카락이 없어서 왜 그랬냐고 물어보니 훈련을 받다가 머리를 박는 얼차려를 받아서 그렇다는 것입니다. 그 모습을 보니 마음이 아주 아팠습니다.

강한 군인은 그저 되는 것이 아니라 강한 훈련을 통해서 만들어집니다. 1600년대 일본의 최고 검객 미야모토 무사시는 '단련'이라는 말을 다음과 같이 설명합니다.

> 승리에는 우연이란 없다. 일천 일의 연습을 '단'이라고 하고 일만 일의 연습을 '련'이라고 한다. 이 '단,' '련'이 있고

서야 비로소 승리를 기대할 수 있다.

일천 일이면 3년이 좀 안 되는 시간이고, 일만 일이면 27년이 좀 넘는 시간입니다. 이 오랜 시간 동안 훈련하고 단련한 자만이 승리를 기대할 수 있다는 것입니다.

다이아몬드는 고통의 결정체입니다

가끔 신문이나 방송에 수십 캐럿이 넘는 다이아몬드가 소개되는 때도 있습니다. 특히 여성들은 그 크고 아름다운 보석을 보고 부러운 눈길을 보냅니다.

그런데 다이아몬드와 숯의 원소가 똑같이 탄소라는 것을 알고 계십니까?

똑같은 탄소 덩어리인데 숯과 다이아몬드가 다른 것은 어떤 이유일까요?

그것은 형성되는 과정에서 중요한 차이가 있기 때문입니다. 다이아몬드는 탄소가 오랜 시간 동안 땅속 깊은 곳에서 엄청나게 뜨거운 지열과 커다란 지압을 받아 연단된 이후에 생겨난 것입니다. 다이아몬드는 그저 생겨난 것이 아니라 한마디로 고통의 과정을 거쳐서 나온 보석입니다.

 연단의 과정을 통해 만들어진 신지애 선수

골프 신동 신지애 선수가 있습니다. 신지애 선수는 신제섭 목사님의 딸입니다. 신제섭 목사님은 운동을 워낙 좋아해 젊은 시절 배드민턴과 볼링의 전라남도 대표 선수이기도 했습니다. 신 목사님은 1999년 지인이 만든 골프 연습장에 당시 초등학교 5학년인 지애를 데리고 갔습니다. 지애가 의외로 공을 잘 맞히는 것을 보고 연습장 쿠폰을 끊어주었습니다. 지애는 2개월 뒤 경험 삼아 나가본 전남 도내 골프대회에서 준우승을 했습니다.

가난한 집안 형편 때문에 남들처럼 제대로 된 훈련은 꿈도 꿀 수 없었습니다. 하지만 자신의 처지를 비관하거나 원망하지 않고, 지애는 아버지의 혹독한 훈련을 묵묵히 견뎌냈습니다. 하루 천 번의 스윙을 소화해 내던 실내 연습장 벽면에 붙어있는 골프장 사진을 보며 지애는 늘 이렇게 말했습니다.

'저 골프장에서 공 한 번만이라도 쳐 보면 얼마나 좋을까?'

그런데 지애가 열여섯 살 때였습니다. 갑작스러운 교통사고로 어머니는 돌아가셨고, 동생들은 중환자실에 입원하게 되었습니다. 어머니가 돌아가시고 마지막 유산처럼 생명보험금이 나왔습니다. 빚을 다 갚고 천칠백만 원이 남았습니다. 신 목사님은 그 돈이 들어있는 통장을 지애에게 내밀며 말했습니다.

"자! 엄마 목숨과 맞바꾼 돈이다. 앞으론 한 타 한 타를 칠 때마다 너의 모든 것을 걸고 쳐야 해."

지애는 아버지의 말을 듣는 순간 망치로 뒤통수를 얻어맞은 듯했습니다. 엄마의 목숨과 맞바꾼 돈, 그 돈으로 골프를 한다고 생각하니 너무나 마음이 아팠던 것입니다.

지애는 엄마 목숨과 맞바꾼 돈으로 끊임없이 훈련하였고 2년 만에 국가 대표가 되었습니다. 국내 대회에서 연승했습니다. 그리고 드디어 세계 최고 선수들이 경쟁하는 LPGA 대회에서 우승하게 되었습니다. 신지애 선수에게 이러한 연단의 과정이 없었다면, 그는 한국을 빛내는 골프선수가 되지 못했을 것입니다. 믿음의 훈련은 비록 힘들고 어렵지만, 그 훈련을 통해서 하나님은 우리를 더 강한 하나님의 군사로 만드는 것입니다.

믿음의 훈련은 모든 사람에게 주어집니다

믿음의 훈련은 어떤 특별한 사람에게 주어지는 것이 아니라 하나님의 자녀 된 모든 사람에게 주어집니다.

> 사랑하는 자들아 너희를 연단하려고 오는 불 시험을 이상한 일 당하는 것 같이 이상히 여기지 말고(벧전 4:12).

베드로 사도는 하나님의 자녀를 향해서 하나님께서 연단하시기 위해 주시는 불시험을 이상히 여기지 말고 당연한 것으로 여기라고 말씀합니다.

그런데 모든 사람이 믿음의 훈련을 받게 되지만 그 강도는 분명히 다릅니다. 강도가 다를 뿐만 아니라, 믿음의 훈련을 대하는 태도도 다릅니다. 믿음의 훈련을 하나님께서 주시는 훈련인 줄 알고 힘들고 어렵지만 잘 감당하는 사람이 있는가 하면 포기하는 사람도 있습니다.

하지만 우리가 분명히 명심해야 할 것은 믿음의 훈련을 제대로 받은 사람만이 하나님께 쓰임 받는 사람이 된다는 것입니다. 곧 믿음의 훈련을 받는 사람은 결국 그 훈련을 통해서 하나님께 쓰임 받는 사람이 된다는 소망을 가지고 훈련을 잘 감당해야 합니다.

> 다만 이뿐 아니라 우리가 환난 중에도 즐거워하나니 이는 환난은 인내를, 인내는 연단을, 연단은 소망을 이루는 줄 앎이로다(롬 5:3-4).

연단은 결국 소망을 이루어 주기 때문에 끝까지 연단의 과정을 잘 거쳐야 합니다. 혹시 믿음의 훈련을 받고 계시는 분이 있다면 소망을 가질 수 있기를 바랍니다. 하나님께서는 우리를 사용하기를 원하십니다. 하지만 준비되어 있지 않으면 사용하실 수가 없습니다.

넘어지는 것도 훈련이 필요합니다

유도를 배우는 사람들이 집중적으로 훈련받는 것이 있습니다. 그것은 낙법입니다. 낙법은 잘 넘어지는 것을 훈련하는 것입니다.

넘어지면 넘어지는 것이지 넘어지는 것을 훈련하는 이유가 무엇일까요?

그것은 잘 넘어져야 다치지 않고 다시 일어설 수 있기 때문입니다. 넘어지는 법을 배운 사람은 넘어지는 것을 두려워하지 않습니다. 사람은 누구나 인생을 살아가는데 넘어지는 경우가 있습니다. 넘어지는 것이 훈련되지 않은 사람은 넘어지면 잘 일어서지 못합니다. 넘어졌다는 무기력에서 헤어 나오지 못하고 좌절하고 절망합니다.

하지만 넘어지는 것을 잘 훈련한 사람은 넘어졌지만, 다시 툭툭 털고 일어나 새롭게 시작합니다. 새로운 시작과

도전으로 결국 큰 성공을 맛보는 것입니다.

그런데 하나님을 믿는 자녀들에게 잘 넘어지는 훈련이라는 것이 어떤 것일까요?

그것은 넘어졌을 때 하나님의 손을 놓지 않는 것입니다.

> 여호와께서 사람의 걸음을 정하시고 그의 길을 기뻐하시나니 그는 넘어지나 아주 엎드러지지 아니함은 여호와께서 그의 손으로 붙드심이로다(시 37:23-24).

우리는 분명히 넘어질 수 있습니다. 하지만 아주 완벽히 엎드러지지 않는 것은 하나님의 손이 우리를 붙잡고 계시기 때문입니다. 그러므로 우리가 넘어졌을 때 해야 하는 믿음의 훈련은 우리의 손을 붙잡고 계신 하나님의 손을 놓지 않는 것입니다. 그 손을 놓지 않으면 하나님의 손이 다시 나를 세워주시는 것입니다.

하나님은 우리를 홀로 버려두지 않습니다

미국 원주민은 소년이 성인으로 될 때 여러 가지 훈련과정을 가지는 풍습이 있다고 합니다. 여러 가지 훈련과정 가운데 마지막 과정은 혼자 어둠 속에서 참을 수 있는 인내력을 길러주는 것입니다. 아버지가 아들을 데리고 아주 깊은 산중에 들어가서 장작으로 불을 피워주고는 이렇게 말을 합니다.

"아침이 될 때까지 이 불을 꺼지게 하면 안 된다."

그리고 아침까지 피울 수 있을 만큼의 장작을 준 다음 밤이 새도록 혼자 있게 합니다. 밤이 되면 맹수 소리가 들려옵니다. 나뭇잎이 바람에 스쳐 소리가 날 때마다 아이는 깜짝깜짝 놀랍니다.

어린아이가 얼마나 무섭겠습니까?

아이는 그 어두움, 그 무서움 속에서 참고 인내하는 것을 배웁니다. 이제 아침이 밝아옵니다.

그런데 저 나무 뒤에서 무슨 소리가 납니다. 깜짝 놀라서 보니 그곳에 아주 키 큰 어른 한 사람이 서 있습니다. 알고 보니 밤새 아버지도 돌아가지 않고 그 아들을 지켜보고 있었던 것입니다. 아버지는 아들에게만 고통을 당하게 하는 것이 아니라 자신도 직접 고통을 당하면서 아들을 지켜준 것입니다. 이것이 바로 우리를 향한 하나님 아버지의 사랑이요 마음입니다.

예수님은 이 땅 가운데 성육신하셔서 인간의 고통을 그냥 바라보지 않으셨습니다. 친히 예수님은 인생의 모든 고통을 겪으셨고 우리를 대신해서 기꺼이 십자가에서 돌아가셨습니다. 먼저 십자가의 길을 가시면서 말씀하셨습니다.

> 누구든지 나를 따라오려거든 자기를 부인하고 자기 십자가를 지고 나를 따를 것이니라(마 16:24).

예수님은 우리가 십자가의 훈련을 통하여 주님의 제자로 쓰임 받기를 원하시는 것입니다.

하나님을 오해하지 말아야 합니다

정호승 씨가 쓴 '오해'라는 시가 있습니다.

하나님이 나를 너무 사랑하심으로
나를 더욱더 주님의 형상과 닮게 하시기 위해
나의 모난 부분들을 깎으실 때
하나님은 그것을 '사랑'이라 부르지만
나는 그것을 '고난'이라 부릅니다.
하나님이 나를 너무 사랑하심으로
나를 아버지의 나라로 인도하시기 위해
낮은 마음과 넓은 마음을 갖게 하시려고
좁은 길로 인도하시는 것을 하나님은 '은혜'라 부르시지만 나는 그것을 '연단'이라고 부릅니다.
사탄이 나와 하나님의 관계를 질투하여
나를 하나님에게서 멀어지게 하려고
나에게 물질의 부함과 세상의 즐거움을
풍족히 불어 넣어줬을 때
하나님은 그것을 '시험'이라 부르시지만
나는 그것을 '축복'이라 부릅니다.
세상의 기준과 세상의 시선으로 하나님의 일들을 바라보기에
나는 하나님의 뜻을 알지 못한 채
그렇게 하나님의 계획과 뜻을 오해하고
잘못 받아들일 때가 많습니다.

우리는 하나님을 오해하지 말아야 합니다. 하나님은 우리를 힘들게 하시려고 고난과 역경을 주시고, 믿음의 훈련을 시키는 것이 아닙니다. 믿음의 훈련을 통해서 하나님의 강한 군사로 만드시기를 원하십니다. 주님 가신 십자가의 길을 따라갈 수 있는 제자가 되기를 원하십니다.

7.
믿음이 당당하게 합니다
(행 26:24-29)

장인정신은 자신감에서 나옵니다

우리 민족은 예로부터 일정한 직업에 전념하거나 한 가지 기술을 전공하여 그 일에 정통한 사람을 '장인'이라고 불렀습니다. 이것은 우리 민족의 정신 속에 내면화되어 있는 철저한 장인정신과 직업윤리의 한 표현입니다. 명품이 명품인 이유는 비싸고 튼튼하기 때문이 아니라 그 속에 장인정신이 담겨 있기 때문입니다.

윤오영 씨가 쓴 '방망이 깎던 노인'이라는 수필이 있습니다. 여기서 방망이는 옛날 우리 어머니들이 옷감을 두드릴 때 쓰던 방망이입니다. 윤오영 씨는 동대문에 내리면서 맞은편의 방망이를 깎아 파는 한 노인을 발견하고는, 아내에게 방망이를 하나 사다 주려고 방망이를 하나 깎아달라고 부탁을 합니다.

그런데 노인은 꽤 비싸게 가격을 부릅니다. 싸게 해달라고 하자 방망이 하나 가지고 에누리하냐며 다른 데 가서 사라고 배짱을 부립니다. 어쩔 수 없이 그냥 잘 깎아달라고 하자, 노인은 처음에는 빨리 깎는 듯하더니 날이 저물도록 이리저리 돌려보며 늑장을 부리는 듯했습니다. 기차 시간이 늦을 것 같으니 그냥 달라고 재촉을 했지만, 노인은 계속 방망이를 깎으면서 이렇게 말합니다.

"끓을 만큼 끓어야 밥이 되지, 생쌀이 재촉한다고 밥 되나."

시간이 흘러 차 시간을 놓친 윤오영 씨는 분을 삭이며 속으로 불친절한 노인을 욕하였지만, 그래도 끝까지 기다려 방망이를 가지고 집으로 돌아옵니다.

그런데 방망이를 본 아내는 너무 이쁘게 깎았다고 야단이 났습니다. 자기가 보기엔 예전 것과 별반 차이가 없는데, 아내는 요렇게 잘 다듬어진 방망이는 좀처럼 만나기 어렵다는 것이었습니다. 아내의 설명을 듣고 난 그는 그제야 그 노인을 재촉하고 속으로 욕한 자기의 태도를 반성하게 되었다는 이야기입니다.

이 방망이 깎는 노인에게도 역시 장인정신이 담겨 있습니다. 하나의 방망이를 깎아도 제대로 된 방망이를 깎는다는 장신정신이 있기에 누가 뭐라고 해도 요동함이 없는 것입니다.

그런데 이런 장인정신은 결국 어디에서 비롯되는 것일까요?

바로 자신감에서 비롯되는 것입니다.

당당함은 믿음에서 출발합니다

사람들은 누구나 당당하게 살고 싶어 합니다. 하지만 당당하게 살고 싶다는 마음만 가지고는 당당하게 살 수 없습니다. 당당하기 위해서는 자신감이 필요합니다. 자신감이 있는 사람들은 누구 앞에서도 당당할 수 있습니다. 법정 스님이 쓴 '나 자신이 부끄러워질 때'라는 글이 있습니다.

나 자신이 몹시 초라하고 부끄럽게 느껴질 때가 있다.
내가 가진 것보다 더 많은 것을 가진 사람 앞에 섰을 때는 결코 아니다.
나보다 훨씬 적게 가졌어도 그 단순과 간소함 속에서 삶의 기쁨과 순수성을 잃지 않는 사람 앞에 섰을 때이다. 그때 나 자신이 몹시 초라하고 가난하게 되돌아 보인다.
내가 가진 것보다 더 많은 것을 가진 사람 앞에 섰을 때 나는 기가 죽지 않는다.
내가 기가 죽을 때는, 나 자신이 가난함을 느낄 때는 나보다 훨씬 적게 갖고 있으면서도 그 단순과 간소함 속에서 여전히 당당함을 잃지 않는 그런 사람을 만났을 때이다.

자신감은 어떤 환경 때문에 생기는 것이 아닙니다. 자신감은 믿음에서부터 비롯됩니다. 내가 한 일에 대한 믿음이, 나에 대한 확신이 자신감을 만들어 줍니다. 또한, 그 자신감이 나를 세상 가운데 당당하게 만드는 것입니다. 곧 당당함은 믿음에서부터 출발하는 것입니다.

자신이 아닌 하나님에 대한 믿음에서 출발해야 합니다

그런데 하나님 백성의 당당함은 자기 자신에 대한 믿음에서 출발하는 것이 아니라 하나님에 대한 믿음에서 출발해야 합니다.
왜 그럴까요?
사람은 얼마든지 변할 수 있기 때문입니다. 곧 사람은

자신감이 넘칠 때도 있지만 자신감이 넘치지 않을 때도 있기 때문입니다.

보통 사람이 자신감이 충만할 때가 언제입니까?

남들과 비교해서 자신이 뛰어나다고 생각할 때입니다. 시험을 봤는데 남들보다 월등하게 잘 봤을 때 자신감이 충만해집니다. 하지만 다음에 시험을 망치게 되면 그 자신감은 사라집니다. 사람은 남들이 할 수 없는 일을 해냈을 때 자신감이 충만해집니다. 하지만 그 후에 남들이 하는 일을 못하는 것이 있을 때 그 자신감은 무너집니다. 이렇게 다른 사람과 비교해서 우리가 가지는 자신감은 진짜 자신감이 아닙니다. 그 자신감은 수시로 변할 수 있기 때문입니다.

하지만 하나님에 대한 믿음에서 출발한 자신감은 변하지 않습니다. 왜냐하면, 하나님께서 변함없이 그 자리에 계시기 때문입니다. 하나님을 향한 우리의 믿음만 변하지 않는다면 우리는 언제나 자신감을 가지고 당당하게 살아갈 수 있는 것입니다.

왕과 총독 앞에서도 당당한 바울

사도행전 26장은 가이사랴 감옥에 갇혀 있던 바울이 베스도 총독과 아그립바 왕 앞에서 자신의 간증을 이야기하는 장면이 기록되어 있습니다. 베스도 총독은 바울의 간증을 다 들은 이후에 큰 소리로 바울에게 미쳤다라고 말을 합니다. 확신에 차서 예수 그리스도를 전하고 있는 바울이, 베스도 총독이 보기에는 학문이 그를 미치게 한 것처럼 보였던 것입니다.

바울은 베스도 총독의 말에 자신은 미친 것이 아니라 참되고 온전한 말을 한다고 하면서, 아그립바 왕에게 시선을 돌려서 복음으로 초청을 하고 있습니다. 그때 아그립바 왕은 바울에게 '적은 말로 권하여 그리스도인이 되게 하려는도다'(행 26:28)라고 말을 합니다. 이 말을 듣고 난 이후 바울은 이렇게 말을 합니다.

> 바울이 이르되 말이 적으나 많으나 당신뿐만 아니라 오늘 내 말을 듣는 모든 사람도 다 이렇게 결박된 것 외에는 나와 같이 되기를 하나님께 원하나이다 하니라(행 26:29).

본래 사람은 법정에서 나약해지게 마련입니다. 특별히 목숨이 왔다 갔다 하는 법정에서 사람의 마음은 어쨌든 살고 보자는 마음이 있기에 하고 싶은 이야기도 때로는 참는 경우가 많습니다. 그런데 죄수인 바울이 베스도 총독과 아그립바 왕을 앞에 놓고 당당하게 결박한 것 외에는 '나처럼 되기를 원한다'라고 말을 하고 있습니다.

어떻게 이럴 수가 있는 것일까요?

바울에게는 모든 죄와 저주와 사망의 권세로부터 구원할 수 있는 능력이 오직 예수께만 있다는 확고부동한 믿음이 있었기 때문입니다. 이런 확실한 믿음이 있으니 예수를 믿지 않는 저들이 부러운 것이 아니라 도리어 불쌍하게 보이는 것입니다. 그래서 다 나처럼 예수 믿는 사람이 되기를 바란다는 것입니다.

베스도 총독이나 아그립바 왕이 볼 때 바울이 너무나 불쌍하게 보였을 것입니다. 베스도 총독은 바울을 향해 미쳤다고까지 말했습니다. 인간적으로 보면 바울이 불쌍한 것이 맞습니다. 바울은 지금 죄수의 신분으로 이들 앞에 있습니다. 세상의 기준으로 보면 베스도 총독이나 아그립바 왕보다 나을 것이 아무것도 없습니다. 아예 비교의 대상조차 되지 않습니다. 하지만 하나님이 보실 때 정말 불쌍한 사람은 바울이 아니라 베스도 총독과 아그립바 왕입니다.

믿음으로 세상과 당당히 맞짱 뜨며 살아야 합니다

여러분은 세상 가운데 바울처럼 그리스도인으로 복음을 전하며 당당하게 살아가고 계십니까?

세상 사람들을 향해 다 나같이 되기를 원한다고 자신 있게 말하면서 살아가십니까?

아니면 세상 가운데 주눅 들어 살아가십니까?

세상이 아무리 커 보여도 하나님과는 비교할 수 없습니다. 사람이 아무리 강해 보여도 하나님보다 강한 사람은 없습니다. 그러므로 우리는 쫄지 말고 믿음으로 세상과 당당히 맞짱 뜨며 살아야 합니다.

> 무릇 하나님께로부터 난 자마다 세상을 이기느니라 세상을 이기는 승리는 이것이니 우리의 믿음이니라(요일 5:4).

아무리 세상이 커 보여도 우리의 믿음이 세상을 이깁니다.

 우리가 가져야 할 믿음

우리가 세상 가운데 당당히 살아가기 위해서 가져야 할 믿음이 있습니다.

첫째, 하나님의 자녀라는 분명한 믿음입니다.

예수 믿는 것이 부끄러운 일입니까?

하나님께서 나의 아버지가 되시는 것이 부끄러운 일입

니까?

아닙니다. 너무나 자랑스러운 일입니다. 안타까운 것은 그리스도인들 가운데 예수 믿는 것을 부끄럽게 여기는 사람들이 있습니다. 하나님이 나의 아버지가 되시는 것을 밝히는 것을 부끄럽게 여기는 사람들이 있습니다.

만일 여러분의 자녀가 부모 된 여러분을 부끄럽게 여긴다면 어떤 마음이 드실 것 같습니까?

너무 속상할 것입니다. 억장이 무너질 것입니다.

하나님 아버지 마음도 마찬가지가 아닐까요?

> 누구든지 사람 앞에서 나를 시인하면 나도 하늘에 계신 내 아버지 앞에서 그를 시인할 것이요 누구든지 사람 앞에서 나를 부인하면 나도 하늘에 계신 내 아버지 앞에서 그를 부인하리라(마 10:32-33).

예수님은 누구든지 사람 앞에서 하는 대로 하나님 앞에서 똑같이 해 줄 것을 말씀하십니다. 우리가 예수님을 당당히 사람 앞에서 구주로 시인하면 예수님도 하나님 앞에서 우리가 하나님의 자녀임을 시인하지만, 만일 부인하면 예수님도 부인하시겠다는 것입니다. 우리가 예수님을 사람 앞에서 부인하면서 예수님이 우리를 하나님 앞에서 시인해 주실 것이라고 기대해서는 안 됩니다.

군대에서 장교로 제대한 분의 이야기를 들어보면 군대에서는 남편의 계급이 곧 아내의 계급이요, 아빠의 계급이 자녀의 계급이라는 것입니다. 남편의 계급이 대장이면, 그 아내도 장교들 아내 사이에서 대장이라는 것입니다. 아버지의 계급이 대장이면, 그 자식도 아이들 세계에서 대장이라는 것입니다.

남편이 대장인 아내와 아버지가 대장인 아들은 얼마나 어깨에 힘이 들어가겠습니까?

대장이 그렇다면 대통령의 자녀는 어떻겠습니까?

하물며 우리는 천지 만물을 창조하시고 주관하시는 창조주 하나님의 자녀들입니다.

그렇다면 우리는 어떻게 살아야 합니까?

이런 말씀을 드리는 것은 하나님의 자녀이기 때문에 고개 빳빳하게 들고 잘난 척하며 살라는 말씀이 아닙니다. 그리스도인임을 당당하게 밝히고 그리스도인답게 살라는 말씀입니다. 세상의 권력을 가진 사람의 자녀는 고개 빳빳하게 들고 잘난 척하며 살겠지만, 하나님의 자녀들은 그렇게 살면 안 됩니다. 하나님의 자녀라는 당당함을 가지고 살아가야 하지만 더욱 겸손히 섬기며 살아야 합니다.

그런데 그리스도인이 자신이 교회 다니는 것을 숨기려고

하는 것도 문제이지만 예수를 믿는다고 말하면서도 그리스도인답게 살지 못하는 것도 큰 문제입니다. 우리는 하나님의 자녀라는 믿음을 가지고 살아야 하는 동시에 하나님의 자녀다운 삶을 살아야 합니다.

우리가 하나님의 자녀답게 살지 못하면 우리만 욕을 먹고 말면 상관이 없지만 그렇지가 않습니다. 우리의 아버지 되신 하나님이 욕을 먹고 복음의 문이 닫히게 되는 것입니다. 간디는 이런 말을 했습니다.

> 나는 예수를 좋아한다. 하지만 나는 기독교인을 좋아하지 않는다. 왜냐하면, 그들은 예수를 닮지 않았기 때문이다.

간디뿐만이 아니라 기독교를 싫어하는 사람들의 이야기를 들어보면 예수가 싫은 것이 아니라 예수를 믿는 사람들이 싫다고 동일하게 말합니다. 말로는 예수를 믿는다고 합니다. 예수를 믿으라고 합니다. 하지만 그 사람의 삶은 전혀 예수 믿는 사람 같지가 않다는 것입니다.

이런 사람을 보고 전도 받는 사람은 어떻게 생각하겠습니까?

예수 믿고 저렇게 될 것 같으면 차라리 예수를 안 믿는 것이 낫겠다고 생각합니다. 우리는 분명히 세상 가운데 주눅 들지 않고 하나님의 자녀라는 믿음을 가지고 당당하게 살아야 합니다. 그뿐만 아니라 하나님의 자녀다운 삶을 통하여 정말 하나님의 살아계심을 나타내 보여주어야 합니다.

둘째, '나는 나'라는 믿음입니다.

아담과 하와이래 이 땅에 태어나고 죽은 사람들 가운데 단 한 명도 똑같은 사람은 없었습니다. 일란성 쌍둥이라 해도 다른 것이 분명히 있습니다. 수많은 사람이 태어나고 죽었음에도 단 한 사람도 똑같은 사람이 없었다는 것은 하나님께서 한 사람 한 사람을 하나의 작품으로 만드셨다는 것입니다.

실제로 하나님께서는 하나님의 형상대로 하나님 닮은 최고의 작품으로 인간을 만드셨습니다. 상품은 비교의 대상이지만 작품은 비교의 대상이 아닙니다. 작품은 그 작품마다 하나의 고유한 특성을 가졌기 때문에 비교할 대상이 아닙니다. 하나님께서는 우리를 하나님의 작품으로 만드셨지 상품으로 만들지 않았습니다.

하지만 오늘날 세상의 현실은 어떻습니까?

같은 잣대를 가지고 상품처럼 사람을 비교하고 평가합니다. 공부라는 잣대를 가지고 평가하고, 외모라는 잣대를 가지고 사람을 평가합니다. 돈의 잣대를 가지고 사람을 평가

합니다. 그리스도인은 세상의 잣대를 가지고 사람을 평가해서는 안 됩니다. 하나님 말씀의 잣대를 가지고 사람을 볼 수 있어야 합니다.

하나님께서 우리를 최고의 작품으로 만드셨다면 우리에게 원하시는 삶이 무엇이겠습니까?

그것은 하나님께서 만들어 주신 대로 가장 나답게 사는 것입니다. 마이클 잭슨은 놀라운 재주를 갖고 태어났습니다. 그는 5살 때부터 형들과 '잭슨 파이브'라는 그룹으로 활동하면서 메인 보컬을 맡았습니다. 그 뒤부터 세운 놀라운 기록들은 너무 많아 다 말하기 어려울 정도입니다. 수많은 기록 중에 단연 눈에 띄는 부분은 첫 번째 부인이 리사 프레슬리였다는 사실입니다. 리사 프레슬리는 엘비스 프레슬리의 딸입니다.

왜 마이클 잭슨이 엘비스의 딸과 결혼했을까요?

엘비스가 백인들의 영웅이었기 때문입니다. 마이클 잭슨은 자신이 흑인이라는 사실을 부끄러워했습니다. 흑인인 아버지를 미워했습니다. 아버지의 얼굴과 비슷한 자신도 미워했습니다. 그래서 성형에 성형을 거듭했습니다. 눈, 코, 입만 고친 것이 아니라 피부색까지도 바꿨습니다. 나중에는 웬만한 백인보다 더 희어졌습니다. 마이클 잭슨은 다 고쳤지만 젊은 나이에 비참하게 죽고 말았습니다. 그는 나답게 살지 못하고 백인답게 살려고 하다가 결국 비참한 죽음을 맞이할 수밖에 없었습니다.

  EBS 다큐프라임 특별기획 '가족 쇼크'라는 프로그램에 이런 내용이 나왔습니다.

> 아빠는 아들을 볼 때마다 답답합니다.
> '나처럼 살면 안 되는데….'
> '나보다는 더 나은 삶을 살았으면 좋겠는데….'
> 그런 아빠 마음도 모르고 아들이 열심히 공부하는 것 같지 않아 속이 상합니다.
> 오늘도 아들은 아빠를 볼 때마다 숨이 막힙니다. 애를 쓰고 공부를 해도 아빠의 기대에는 항상 못 미치는 것 같습니다. 때로는 너무 힘들어 안 좋은 생각을 할 때도 있었습니다.
> "너는 제발 나처럼 살지는 마."
> "너는 나보다 더 나은 삶을 살았으면 좋겠어."
> 살면서 가끔 자녀에게 이렇게 말한 적 있지 않나요?
> 경쟁이 치열한 사회에서 세상살이의 고달픔을 느끼다 보면 종종 아이들에게 "나처럼 살지 말라"는 말을 푸념하듯 하게 됩니다.

하지만 '자신의 삶을 실패'라고 여기고, '자신처럼 살지 말라'고 얘기하는 부모를 바라보는 아이들의 마음은 어떨까요?

자기 확신이 부족한 부모는 아이의 성과를 가지고 자신이 좋은 부모라는 것을 확인받곤 한다고 합니다. 하지만 부모는 아이의 교사도, 감독도, 대리인도 아닙니다. 가장 중요한 것은 부모 스스로 자신의 삶을 사는 것입니다.

하는 일에 보람을 느끼며 행복하게 살아가는 모습을 보여주는 것보다 더 좋은 교육이 있을까요?

아이들이 진짜로 원하는 엄마, 아빠는 한결같은 모습으로 자신의 삶을 살아가는 사람, 자신이 잘하고 있을 때도 원하는 결과를 내지 못했을 때도 변함없이 응원해 주는 사람일 것입니다.

부모들은 이 이야기에 공감하실 것입니다. 부모는 부모의 인생을 살아야 하고 자식은 자식의 인생을 살아야 합니다. 부모가 자식의 인생을 도와줄 수는 있어도 자식의 인생을 대신 살아줄 수 없습니다. 자식도 마찬가지입니다. 자식도 부모의 인생을 대신 살아줄 수는 없습니다. 부모가 자식에게 할 수 있는 가장 좋은 교육은 행복하고 감사하게 사는 모습을 보여주는 것입니다.

저는 꽃들을 보면서 가장 크게 느끼는 것 중의 하나가 꽃은 주눅 드는 법이 없다는 것입니다. 장미꽃 앞에서 할미꽃이 주눅 들지 않습니다. 백합꽃 앞에서 들꽃이 주눅 들지 않습니다. 꽃들은 자신의 고유한 꽃모습을 그대로 뽐내며 자신의 자리를 당당하게 지킵니다. 이 세상의 꽃이 다 장미꽃일 수는 없습니다. 이 세상의 꽃이 다 백합꽃일 수는 없습니다. 꽃은 어떤 꽃이든 그 꽃다울 때 가장 아름다운 것입니다.

하나님도 우리가 꽃처럼 살기를 원하지 않겠습니까?

가장 나다울 때가 하나님 보시기에도 가장 아름다운 것입니다.

이 세상에 목사가 얼마나 많습니까?

그런데 하나님께서 이재영 목사에게 원하시는 것이 무엇일까요?

이재영 목사답기를 원하십니다.

예수님은 누구 앞에서도 당당하셨습니다. 대제사장 앞에서도, 바리새인과 서기관들 앞에서도, 빌라도 총독 앞에서도 당당하셨습니다. 또한, 그 어떤 일을 하시든지 당당하셨습니다. 예수님은 자신이 누구신지를 알고 계셨기에 주눅 들 필요가 없었습니다.

하나님은 우리가 예수님처럼 바울처럼 당당하게 살기를 원하십니다. 하나님의 자녀라는 믿음을 가지고 가장 나다운 모습으로 이 세상 가운데 당당하게 살아가기를 원하십니다.

8.
절망의 해독제는 믿음입니다
(출 2:1-10)

해독이 건강의 비결입니다

요즘 건강 관리에 관해서 '해독'이라는 단어가 회자되고 있습니다. '해독'이라는 것은 우리 몸 안에 축적된 수많은 독소를 빼내는 것을 의미합니다. 여기서 말하는 독소란 체내에서 생성되거나 외부에서 들어와서 인체의 생체리듬을 깨고 대사기능을 떨어뜨리는 등, 생체 활성화를 저해하는 모든 물질을 말합니다. 이런 측면에서 많은 사람을 괴롭히는 미세먼지도 독소의 일종이라고 할 수 있습니다.

해독요법을 꾸준히 연구하고 개발해 온 한의학 박사이신 조병준 박사님이 『해독이 답이다』라는 책을 썼습니다. 조 박사님은 책을 쓰신 이유를 이렇게 밝혔습니다.

> 많은 사람이 만병의 근원을 스트레스라고 말한다. 그런데 필자는 만병의 근원은 스트레스로 쌓이는 울화독과 이로 인해 몸에 쌓이는 독소라고 말한다. 그러므로 모든 질병을 치유하는 데 있어서의 기본은 독을 배출하는 것이다. 해독이 무엇인지 생소한 분이나 해독을 자세히 알고 싶은 분, 해독 치료를 원하는 분들에게 도움이 되고자 하는 마음으로 부족하지만, 해독에 대해 집필하게 되었다. 이 책을 통해서 해독의 중요성을 인식하고 해독을 생활화하여 건강을 되찾는 분들이 많아지기를 기도한다.

조 박사님은 독소가 호흡기로도 들어오지만 가장 큰 요인은 과식, 간식, 야식, 음식을 빨리 먹는 습관, 튀긴 음식, 인스턴트, 가공식품과 같은 것을 자주 먹는 잘못된 식습관 때문이라고 말을 합니다. 그래서 결국 해독을 하는 가장 쉬운 방법은 식생활을 조절하는 것이라고 말을 합니다.

곧 앞에서 말씀드린 음식들을 될 수 있으면 줄이고 식이섬유가 풍부한 음식을 먹어야 한다는 것입니다. 그뿐만 아니라 소식과 절식을 생활화해야 한다고 말을 합니다.

🌱 절망은 우리의 인생을 무너뜨리는 강력한 독소입니다

우리의 몸 안에만 독소가 있는 것이 아니라 우리의 인생 가운데도 독소가 있습니다. 우리가 먹는 음식을 통해서 들어오는 독소가 1500여 가지가 된다고 합니다. 이 정도는 아니지만, 우리의 인생 가운데도 인생을 병들게 하는 독소들이 많이 있습니다. 그중에 아주 강력한 독소가 절망일 것입니다. 인간을 가두는 6가지 감옥이 있다고 합니다.

첫째, "자기도취"의 감옥입니다.
둘째, "비판"의 감옥입니다.
셋째, "절망"의 감옥입니다.
넷째, "과거지향"의 감옥입니다.
다섯째, "선망"의 감옥입니다.
여섯째, "질투"의 감옥입니다.

절망이 인간이 탈출해야 할 감옥 중에 하나라면, 우리는 절망의 감옥을 탈출해야 합니다.

절망은 희망의 시작입니다

사람들이 절망하는 가장 큰 이유가 무엇일까요?

그것은 끝이라고 생각하기 때문입니다. 하지만 우리가 기억해야 할 것이 있습니다. 우리의 삶은 무수한 끝에서 시작을 반복하는 여정이라는 것입니다. 끝은 종착역이 아니라 새로운 시작을 알리는 또 다른 출발점입니다. 하나님께서 끝이라고 하기 전까지는 우리의 끝은 또 다른 목적지로 향하는 희망의 시작입니다. 그러므로 하나님의 백성들은 절망이 끝이 아니라 새로운 희망의 시작임을 확신하며 살아야 합니다.

도종환 시인의 '담쟁이'라는 시가 있습니다.

저것은 벽
어쩔 수 없는 벽이라고
우리가 느낄 때
그때 담쟁이는 말없이 그 벽을 오른다
물 한 방울 없고
씨앗 한 톨 살아남을 수 없는
저것은 절망의 벽이라고 말할 때
담쟁이는 서두르지 않고

앞으로 나아간다
한 뼘이라도
꼭 여럿이 함께 손을 잡고 올라간다
푸르게 절망을 다 덮을 때까지
바로 그 절망을 잡고 놓지 않는다
저것은 넘을 수 없는 벽이라고
고개를 떨구고 있을 때
담쟁이 잎 하나는
담쟁이 잎 수천 개를 이끌고
결국, 그 벽을 넘는다

담쟁이는 어쩔 수 없다고 이야기하는 절망의 벽을 어떻게 합니까?
다 덮어버리고 넘어버립니다.
우리에게 필요한 것이 담쟁이와 같은 정신 아니겠습니까?
우리의 인생의 절망이라는 벽을, 절망이라는 독소를 희망이라는 믿음으로 넘어가야 합니다.

 아들이 태어나도 기뻐할 수 없는 절망의 시대

요셉이 애굽의 총리로 있다가 죽고 이제 요셉을 알지 못하는 새 왕이 일어나 애굽을 다스리게 되었습니다. 새 왕은 이스라엘 백성이 더 많아지면 혹 전쟁이 일어날 때 대적과 합하여 자신들과 싸우고 이 땅을 나가지 않을까 두려워하기 시작하였습니다. 그런 두려움 때문에 이스라엘 백성을 노예로 만들어 무거운 짐을 지게 하였습니다.

하지만 이스라엘 백성은 학대를 받으면 받을수록 더욱 번성하였습니다. 결국, 애굽 왕은 이스라엘 백성 가운데 태어나는 남자아이는 무조건 죽이라는 명령을 산파들에게 내립니다. 이것마저 자신이 원하는 대로 되지 않았습니다. 이번에는 애굽의 모든 백성에게 히브리 민족이 아들을 낳거든 나일강에 던져 죽이라고 명령을 내렸습니다.

자식이 태어나는 것은 부모에게도 큰 기쁨이요 가문에서도 큰 기쁨입니다. 우리나라도 아직 어르신들은 아들을 원하셔서 아들이 태어나면 더 좋아하십니다. 그러나 이스라엘 백성 가운데 아들이 태어난 집은 기쁨이 아니라 초상집이 되고 말았습니다.

 절망의 시대에 태어난 모세

어느 레위인의 집안에서도 아이가 태어났습니다. 딸이기를 바랐지만, 아들이 태어났습니다. 이 아이가 바로 모세였습니다.

아들이 태어나는 순간 부모는 얼마나 절망했겠습니까?

태어나자마자 죽어야 하는 아들을 바라보면서 절망하는 것은 당연하였습니다. 그런데 이 아이를 보니 너무나 잘 생긴 것입니다. 여기서 잘 생겼다고 하는 단어는 히브리어로 '토브'라고 합니다. '토브'는 건장하고 범상치 않았다는 뜻을 가지고 있습니다.

모세의 부모는 모세가 태어났을 때 범상치 않는 아이임을 알고 3개월 몰래 숨겨서 키우게 됩니다. 말이 3개월이지, 젖먹이 어린아이를 몰래 3개월 동안 숨겨서 키우는 것은 결코 쉬운 일이 아니었습니다.

애굽 사람의 눈을 피하기도 해야 하지만 같은 동족의 눈이 너무 무서웠을 것입니다. 3개월 지나자 모세의 부모는 도저히 아이를 키울 수가 없었습니다. 다시 모세를 처음 낳았을 때의 절망감이 몰려왔습니다.

이대로 모세를 죽일 수는 없었습니다. 갈대상자를 만들어 물이 들어오지 않도록 역청과 나무진을 칠하고 나일강가 갈대 사이에 두었습니다. 모세의 부모는 절망 가운데 주저앉은 것이 아니라 한 가닥의 믿음을 가지고 이렇게 하였습니다.

🕊 하나님의 일하심은 사람의 손에서 떠나면서 시작됩니다

자식을 둔 부모로서 가장 비참할 때가 언제입니까?

자식을 위해 아무것도 해 줄 수 없을 때입니다. 아이가 아파서 고통스러워할 때 대신 아파 줄 수도 없고 무기력하게 가만히 있을 수밖에 없는 부모의 마음은 찢어집니다. 자식을 대신해서 죽고 싶어도 그것을 대신할 수 없을 때 부모의 마음은 무너지는 것입니다. 모세의 부모 마음이 바로 이 마음이었습니다. 모세의 부모는 어떻게 될지 모르는 자식의 손을 이제 떼어놓습니다.

이 자식을 떼어놓으면서 모세의 부모는 하나님께 간절히 기도했지 않겠습니까?

그런데 놀랍게도 하나님의 구원 역사는 그때부터 시작되었습니다. 하나님이 일하시기 시작하셨습니다. 인간의 손을 떠나 인간이 아무것도 할 수 없는 무능한 존재임을 인정하고 여호와께 맡길 때 하나님은 그때부터 개입하시기 시작하시는 것입니다. 그 절망의 순간에 새로운 희망을 보게 하시는 것입니다.

모세가 담긴 갈대 상자를 누가 발견합니까?

바로 공주가 목욕하러 나와 발견하게 됩니다. 바로 공주는 투트모세 1세가 본처에게서 낳은 딸입니다. 투트모세 1세는 본처에게서 아들을 얻지 못하고 딸만 얻게 되는데 이 바로 공주의 이름이 하셉수트입니다. 하셉수트 공주는 아버지 투트모스 1세가 후처를 통해서 낳은 투트모세 2세와 결혼을 하게 되지만 자식이 없었습니다.

그런데 바로 공주가 모세를 발견했다는 것은 큰일이 난 것입니다.

왜 그렇습니까?

그녀는 아버지 바로의 명령을 너무나 잘 알고 있고 누구보다도 아버지의 명령을 잘 따라야 했기 때문입니다. 하지만 놀랍게도 바로 공주가 그 아이를 보았을 때 불쌍히 여기는 마음이 생겼습니다.

> 바로의 딸이 목욕하러 나일강으로 내려오고 시녀들은 나일강 가를 거닐 때에 그가 갈대 사이의 상자를 보고 시녀를 보내어 가져다가 열고 그 아기를 보니 아기가 우는지라 그가 그를 불쌍히 여겨 이르되 이는 히브리 사람의 아기로다(출 2:5-6).

누가 바로의 딸에게 이 마음을 주신 것입니까?

하나님이 주셨습니다. 모세를 나일강에 빠뜨려 죽여야 하는 것이 마땅한데, 하나님께서 그 속에 불쌍히 여기는 마음을 주시니 나일강 물에서 오히려 건져 올리는 것입니다. 하나님의 일하심은 여기서 그치지 않습니다. 모세의 누이 미리암이 바로 공주가 모세를 건져내는 것을 보고 용기를 내어 바로 공주에게 다가가서 이렇게 말합니다.

"당신을 위해 아이에게 젖 먹일 히브리 여인 중에 유모를 불러서 젖을 먹이게 하리이까?"

바로 공주는 미리암에게 어떤 질문도 하지 않고 그렇게 하라고 말을 합니다. 이 대답을 듣고 미리암은 자기 어머니를 데리고 옵니다. 참으로 미리암의 용기도 모세의 어머니 요게벳의 용기도 대단하다는 생각이 듭니다. 모세의 어머니는 모세의 유모가 되어 젖을 먹이면서 그냥 키우는 것이 아니라 바로 공주에게 젖 먹이는 삯까지 받고 키웠습니다.

마땅히 죽어야 하는 자식을 돈까지 받으면서 키우게 하시는 하나님의 일하심이 놀랍지 않습니까?

모세를 애굽에서 가장 안전한 바로의 궁에서 키우는 하나님의 일하심이 놀랍지 않습니까?

모세의 어머니를 통해서 키우게 하심으로 모세에게 히브리인이라는 정체성을 심어주게 하심이 놀랍지 않습니까?

모세의 부모가 절망 가운데서도 믿음의 끈을 놓지 않았을 때 그 절망은 희망의 역사를 만들어가게 된 것입니다.

절망의 해독제는 믿음입니다

세계 3대 박물관 중의 하나인 영국의 대영박물관에는 다양한 유물들과 미술품들이 전시되어 있는데 그곳에는 유독 사람들이 많이 몰리는 특이한 미술품이 하나 있다고 합니다. 그 작품은 '마지막 한 수'라는 제목의 그림입니다.

이 그림은 악마와 한 인간이 서양 장기인 체스를 두고 있는 장면을 그린 것입니다. 악마는 인간을 거의 이긴 듯 의기양양하게 인간을 가소롭다는 듯이 쳐다보고 있고 인간은 도저히 헤어날 수 없는 궁지에 몰렸다는 듯 곤란한 표정을 짓고 있습니다. 하지만 그 그림을 자세히 살펴보면 승부는 완전히 끝난 것이 아니라 마지막 한 수가 아직 인간에게 남아 있다는 것을 발견할 수 있습니다.

인간에게 남아 있는 마지막 한 수가 무엇일까요?

바로 희망입니다.

절망에 빠진 인간이 희망을 품으라고 해서 가질 수 있는 것입니까?

그럴 수 없습니다. 희망을 품기 위해서는 믿음이 있어야 합니다. 그래서 저는 마지막 한 수가 믿음이라고 생각합니다. 키에르케고르는 이런 말을 했습니다.

"절망에 대한 가장 확실한 해독제는 믿음이다."

믿음이 있으면 희망이 생기고 절망을 이기게 되는 것입니다.

절망을 이기기 위해 가져야 할 믿음

그렇다면 우리가 절망을 희망으로 바꾸기 위해 가져야 할 믿음은 어떤 믿음입니까?

첫째, 하나님을 향한 믿음입니다.

절망 가운데 빠지면 우리가 믿는 하나님이 누구신가에 대해 망각해 버리는 경우가 많습니다. 절망적인 상황만 바라보고 하나님을 보지 않고 주저앉아 버리는 것입니다. 하지만 절망 가운데 우리는 하나님이 누구신지를 다시 생각하고 그 하나님을 믿고 의지해야 합니다.

우리가 믿는 하나님이 어떤 하나님이십니까?

말씀으로 천지를 창조하신 하나님이십니다. 홍해를 가르시고 마른땅 같이 건너가게 하시는 하나님이십니다. 누구도 생각하지 못한 만나를 내려 광야 40년 동안 이스라엘 백성을 먹이신 하나님이십니다. 태양과 달까지 멈추게 하신 하나님이십니다. 죽어야 하는 모세를 애굽의 왕자로 만드시는 분이십니다.

하나님이 하시면 절망은 한순간에 희망으로 바뀝니다. 그러므로 우리는 어떤 절망의 순간에도 전능하신 하나님을 향한 믿음을 놓치면 안 됩니다. 바울은 이렇게 고백합니다.

> 형제들아 우리가 아시아에서 당한 환난을 너희가 모르기를 원하지 아니하노니 힘에 겹도록 심한 고난을 겪어 살 소망까지 끊어지고 우리는 우리 자신이 사형 선고를 받은 줄 알았으니 이는 우리로 자기를 의지하지 말고 오직 죽은 자를 다시 살리시는 하나님만을 의지하게 하심이라 (고후 1:8-9).

바울이 아시아에서 구체적으로 어떤 환난을 겪었는지 알지 못하지만, 그 환난이 얼마나 심하고 고통스러웠는지 살 소망까지 끊어지고 이렇게 죽는다는 사형 선고를 받았다고 고백하고 있습니다.

하나님은 하나님의 뜻대로 순종하며 주님의 복음을 전하는 바울에게 이런 환난을 주시는 것일까요?

이런 절망을 주시는 것일까요?

바울은 절망 가운데 하나님 앞에 기도했을 것입니다. 그때 바울은 "이렇게 절망하게 하는 것은 우리가 자기를 의지하지 않고 하나님을 의지하게 하기 위함이라"는 것을 깨닫게 됩니다. 곧 이 말씀을 거꾸로 생각해 보면 우리가 절망 가운데서 하나님을 믿고 의지하면 그 절망을 이겨낼 수 있다는 것입니다. 소설가인 헤르만 헤세는 이런 말을 했습니다.

> 신(神)이 우리에게 절망을 보내는 것은 우리를 죽이려는 게 아니라, 우리 가운데 새로운 생명을 불러일으키기 위해서다.

하나님이 절망을 주시는 것은 우리를 망하게 하시려고 하는 것이 아니라 그 절망 가운데 하나님만을 믿고 의지하게 하심입니다. 하나님만을 믿고 의지함으로 절망이 희망으로 바뀌는 역사를 보기를 원하시는 것입니다.

때때로 하나님은 하나님 외에 우리가 지나치게 믿고 의지하고 있는 줄들을 하나둘씩 끊어 버릴 때가 있습니다. 물질의 줄, 관계의 줄, 건강의 줄을 끊어버리실 때가 있습니다. 그것은 곧 하나님만을 믿고 의지하라는 구체적인 신호입니다.

이랜드 그룹의 회장이신 박성수 장로님의 이야기입니다.

박성수 장로님은 1975년 대학 졸업을 앞두고 갑자기 손의 힘이 풀리면서 글씨를 쓸 수가 없었습니다. 그뿐 아니라 이불이 무거웠고 점퍼를 입기도 너무 힘겨웠습니다. 그래서 병원에 입원해 정밀검사를 받았습니다. 의사는 이렇게 진단을 했습니다.

"당신이 앓고 있는 병은 근육무력증이라는 병입니다. 이병은 근육이 점점 약화되어 힘을 못 쓰다가 심해지면 전신마비가 됩니다. 더구나 이 병은 지금 특별한 치료법이 발견되지 않고 있습니다."

청천벽력 같은 의사의 진단이었습니다. 이제 대학을 졸업하고 의욕적인 첫발을 내디뎌야 할 시기에 불치의 병에 걸리다니 너무나 마음이 절망이 되었습니다. 점점 근육에 힘이 빠져서 누워 있는 시간이 많아졌습니다.

하지만 그는 이대로 절망할 수 없음을 알고 하나님을 향한 믿음의 끈을 놓지 않고 기도하면서 누워 있는 시간 동안 본격적으로 독서를 시작했습니다. 그는 2년이 넘는 시간 동안 3천 권의 책을 읽게 되었습니다. 어마어마한 독서를 한 것입니다. 그는 그 독서를 통해서 사람을 세우는 방법과 생소하고 다양한 분야를 알게 되었습니다.

2년 이상 지난 이후 박성수 장로님은 하나님의 은혜로 고침을 받게 되었습니다. 그는 그 어려운 시간을 보내고 난

다음에 이렇게 고백하고 있습니다.

"그리스도인은 하나님이 주시는 때를 위해 기다림 속에서 인내를 배워야 한다. 높은 건물은 기초가 튼튼해야 하듯 준비 기간이 길다고 실망해서는 안 된다. 시련의 때에 시간을 낭비해서는 안 된다. 오히려 절망의 감옥에 갇혀 있을 때 공부해야 한다."

박성수 장로님은 절망할 수밖에 없는 상황 가운데 절망하지 않고 하나님을 의지하였습니다. 그리고 그 시련의 기간을 헛되이 보내지 않고 어마어마한 독서를 통해서 그는 오늘의 이랜드 회사를 이룩할 수 있었던 것입니다.

우리는 연약한 인간이라 생각지 못한 환난이나 육신의 질병이나 어려움이 닥치면 순간적으로 절망할 수밖에 없습니다. 하지만 우리는 절망을 절망으로 끝내는 것이 아니라 절망의 순간에 하나님을 바라보아야 합니다. 하나님을 믿고 의지해야 합니다.

둘째, 나에 대한 믿음입니다.

절망 가운데 분명히 나를 의지해서는 안 됩니다. 나를 의지하는 것과 나에 대한 믿음을 가지는 것은 다릅니다. 절망 가운데 나를 의지해서는 그 절망을 이겨낼 수 없습니다. 하나님을 믿고 의지해야 이겨낼 수 있습니다. 하지만 우리는 그 절망의 순간 가운데 하나님께서 힘주시면 나는 이 절망을 헤쳐 나갈 수 있다는 믿음을 가져야 합니다. 절망 가운데 빠진 우리에게 사탄은 이렇게 속삭입니다.

"너는 그것밖에 안 돼, 너는 아무것도 할 수 없어. 너라는 인간은 원래 그래, 이런 절망적인 상황 가운데 네가 무엇을 할 수 있겠어. 그냥 포기해, 다 집어치워."

우리는 이 사탄의 속삭임에 귀를 기울이면 안 됩니다. 사탄이 나에게 이렇게 속삭일 때 이렇게 외칠 수 있어야 합니다.

"그래, 나는 아무것도 할 수 없는 존재다. 하지만 내가 믿는 하나님이 나와 함께 하시기에 나는 다시 일어설 수 있다. 내게 능력 주시는 자 안에 모든 것을 할 수 있다. 이 사탄아 나사렛 예수 이름으로 명하노니 썩 물러가라."

내가 나를 믿어 주지 않으면 누가 나를 믿어 주겠습니까?

사탄도 나를 무시할 수밖에 없습니다. 절망 가운데 있을 때 무능력한 나를 바라보는 것이 아니라 하나님께서 바라봐 주시는 나를 바라보십시오. 하나님께서는 하나님의 자녀 된 우리가 절망 가운데 앉아 있기를 원하지 않으십니다. 하나님을 믿고 다시 일어서기를 원하십니다. 또한, 일어설 수 있다고 믿어 주십니다.

하나님이 나를 믿어 주시듯이 나도 나를 믿어 주어야 합니다. 우리가 하지 못하는 것은 할 수 없어서가 아니라 해 보지 않아서 못하는 경우가 많습니다. 그러므로 우리 자신을 격려해 주고 잘 해낼 수 있는 나를 믿어 주어야 합니다.

하나님께서 절망의 세상 가운데 예수님을 보내주셨습니다. 예수님은 이 세상에 오셔서 사역을 감당하시면서 절대 절망하지 않으셨습니다. 3년 동안 동고동락을 했던 제자들이 주님을 버리고 도망가도 절망하지 않으셨습니다. 수제자 베드로가 자신을 3번이나 저주하면서 부인해도 절망하지 않으셨습니다. 십자가에 못 박혀 돌아가시면서도 절망하지 않으셨습니다.

그 이유가 무엇일까요?

하나님을 향한 믿음이 있었기 때문입니다. 절망을 희망으로 바꾸시는 하나님을 기대하고 있었기 때문입니다.

사탄은 절망이라는 독소를 가지고 우리의 인생을 망가뜨리려고 합니다. 이 사탄의 계략에 넘어가면 안 됩니다. 우리에게는 절망이라는 독소를 해독하고 희망을 노래할 수 있는 믿음이 있습니다. 하나님을 향한 변함없는 믿음만 있으면, 하나님이 나를 믿어 주시는 것처럼 나를 믿어 주는 믿음만 있으면, 우리는 절망을 희망으로 바꿀 수 있습니다.

9.
믿음은 포기하지 않는 것입니다
(막 2:1-12)

마음과 생각이 삶을 만들어갑니다

'마음이 맑아지는 글'이 있습니다.

시간의 아침은 오늘을 밝히지만,
마음의 아침은 내일을 밝힙니다.
열광하는 삶보다 한결같은 삶이 더 아름답습니다.
돕는다는 것은 우산을 들어주는 것이 아니라
함께 비를 맞는 것입니다.
사람은 누구에게서나 배웁니다.

부족한 사람에게서는 부족함을
넘치는 사람에게서는 넘침을 배웁니다.
자신을 신뢰하는 사람만이
다른 사람에게 성실할 수 있습니다.
살다 보면 일이 잘 풀릴 때가 있습니다.
그러나 그것이 오래가지는 않습니다.
살다 보면 일이 잘 풀리지 않을 때가 있습니다.
이것도 오래가지 않습니다.
소금 3%가 바닷물을 썩지 않게 하듯이 우리 마음 안에 있는 3%의 좋은 생각이 우리의 삶을 지탱하고 있는지 모릅니다.

흔히 세상은 마음먹기 달렸다고 이야기합니다. 사람이 어떤 마음을 먹느냐에 따라 인생이 달라진다는 것입니다. 또한, 사람은 생각하는 대로 살지 않으면 사는 대로 생각하게 됩니다. 생각하는 대로 사는 것과 사는 대로 생각하는 것은 큰 차이가 있습니다.

생각하는 대로 사는 사람은 그 생각이 삶을 이끌어가지만 사는 대로 생각하는 사람은 환경이 그 사람을 이끌어갑니다. 생각하는 대로 사는 사람은 비록 어렵고 힘든 환경일지라도 긍정적인 생각을 가지고 그 환경을 이겨나갈 수 있습니다. 하지만 사는 대로 생각하는 사람은 환경이 그러므로 어쩔 수 없다고 말을 합니다.

사면초가(四面楚歌)

'사면초가'(四面楚歌)라는 사자성어가 있습니다. 이 말은 한자 그대로 해석을 하면 '사방에서 들려오는 초나라의 노래'라는 뜻입니다. 아무에게도 도움이나 지지를 받을 수 없는 고립된 상태에 처하게 된 것을 이르는 말입니다. 사면초가(四面楚歌)는 사기(史記)의 항우본기(項羽本紀)에서 유래되었습니다. 민심이 흉흉하던 진나라 말에 전국 각지에서 들고일어난 영웅들이 서로 싸우며 패권을 다툰 끝에 항우와 유방이 양대 세력을 형성하게 됩니다.

초나라의 항우는 한나라의 유방과의 싸움에서 점점 밀리기 시작했습니다. 그가 총애하던 장수마저 떠나가고 결국 한나라와 강화를 맺고 동쪽으로 돌아가던 중에서 '해하'라는 곳에서 한나라의 명장인 한신에게 포위를 당하게 됩니다. 빠져나갈 길은 없고 군사는 줄고 식량은 바닥을 보이는 상황에서 한나라의 군대는 점점 포위망을 좁혀옵니다.

그러던 어느 날 밤, 고향을 그리는 구슬픈 초나라의 노래가 사방에서 들려오게 됩니다. 한나라가 항복한 초나라 병사들에게 노래를 부르게 한 것입니다.

항우는 그 노래를 듣고, 탄식을 하였다고 합니다.
'초나라는 이미 유방에게 넘어간 것인가?
어떻게 포로의 수가 저렇게 많은가!'
항우만이 아닌 초나라 병사들도 사방에서 초나라의 노래를 듣자 향수에 젖어 눈물을 흘리며, 도망자가 속출했습니다. 군대가 뿔뿔이 흩어지고, 항우 또한 죽음을 맞이하게 된 것입니다. 사람이 살다 보면 사면초가에 빠지는 경우가 종종 있습니다. 사면초가(四面楚歌) 앞에 대부분 사람이 포기하는 경우가 많습니다. 그 환경 자체가 어쩔 수 없는 환경이라고 생각하기 때문입니다.

믿음은 포기하지 않는 것입니다

사람들은 왜 포기를 하는 것일까요?
여러분은 왜 포기하셨습니까?
이 질문에 대답이 되는 짧은 글을 하나 소개하겠습니다. 『바보 빅터』라는 책에 보면 레이첼 선생님이 쉽게 포기하는 로라에게 이런 말을 합니다.

> 누구나 일이 안 풀릴 때가 있다. 그때마다 사람들은 자신의 능력을 의심하지. 그리고 꿈을 포기하고 이런저런

이유를 만들어. 하지만 모두 변명일 뿐이야. 사람들이 포기하는 진짜 이유는 그것이 편하기 때문이야. 정신적인 게으름뱅이이기 때문이야.

레이첼 선생님의 말씀에 공감이 되지 않습니까?

사람들이 포기하는 이유는 포기하면 편하기 때문입니다. 무엇인가 하려고 도전했다가 힘드니까 편하기 위해서 그냥 포기하는 것입니다. 어려운 환경을 헤쳐 나가기 힘드니까 그 환경이 그렇다는 변명을 하면서, 편하기 위해서 포기하는 것입니다.

그런데 믿음은 포기하지 않는 것입니다. 다르게 표현하자면 믿음은 가능성을 보는 것입니다. 안될 것 같지만 하나님께서 함께 하시면 된다는 가능성을 보는 것이 믿음입니다.

중풍 병자를 포기할 수 없었던 네 친구

예수님의 사역 중심지는 갈릴리 지역에 있는 가버나움이었습니다. 예수님께서 가버나움의 한 집에서 말씀을 전하고 계셨습니다. 너무나 많은 사람이 모여서 문 앞까지도 들어설 자리가 없었습니다. 그때 예수님께서 그 집에 계시다는 소문을 듣고 네 명의 친구가 한 중풍 병자를 메고 그 집에

도착하게 됩니다.

그런데 도저히 그 무리를 뚫고 들어갈 수가 없었습니다. 사람들에게 양해를 구했지만, 사람들은 비켜줄 의향이 전혀 없습니다. 네 명의 친구는 나름 힘을 다해 중풍 병자를 메고 예수님이 계신 곳까지 왔습니다. 하지만 더 이상 그들의 힘으로 어떻게 할 수 없는 한계에 부딪힌 것입니다.

이런 상황에 놓이면 보통 사람은 아마 포기했을 것입니다. 어쩌면 이 상황을 마주했을 때 중풍 병자도, 네 명의 친구도 절망감에 사로잡혔을지도 모릅니다. 중풍 병자는 네 친구에게 '여기까지 나를 데리고 와준 것도 감사하다'라고 하며 '너희들도 할 만큼 했으니까 이제 그만 집으로 돌아가자'라고 했을지도 모릅니다.

하지만 네 명의 친구는 포기할 수가 없었습니다. 이곳까지 어떻게 데리고 왔는데, 이대로 돌아갈 수는 없었습니다. 그래서 그들은 어디엔가 가능성이 있지 않을까를 생각하였습니다. 그리고 그들은 그것을 찾아냈습니다. 그것은 지붕을 뚫는 것입니다.

우리나라의 가옥구조를 생각하면 이것은 있을 수가 없는 일입니다. 우리나라의 일반 가옥구조는 기와집이든지 아니면 양옥집입니다. 기와집이라고 생각을 해도 이 모습은 상상이 안 갑니다.

양옥집이라고 해도 그 시멘트를 어떻게 뚫겠습니까?

이 당시 이스라엘의 가옥구조를 보면 평민들은 사면의 벽을 돌로 쌓고 지붕은 진흙으로 발랐습니다. 우리나라 조선 시대 사대부 양반가는 기와로 지붕을 얹었지만, 평민들은 초가로 지붕을 얹습니다.

마찬가지로 그 당시 이스라엘의 부자들은 기와지붕을 얹었지만, 평민들은 진흙지붕을 얹었습니다. 평민들의 지붕은 먼저 수평으로 돌무화과 나뭇가지로 만든 대들보를 깔고 수직으로 갈대와 종려나무 가지를 깔았습니다. 그리고 그 위에 진흙을 발라 최종 처리를 했습니다.

누가복음에 보면 누가는 이 부분을 '기와를 벗기고'라고 표현을 하고 있습니다. 누가가 이렇게 표현을 한 것은 이방인 성도들을 위한 배려라고 볼 수 있습니다. 진흙지붕이 90% 이상을 차지하던 이스라엘과는 달리 그 당시 마게도냐 지방은 대부분 집이 기와지붕으로 되어 있었습니다.

그래서 바울과 함께 마게도냐 지방으로 전도 여행을 다니던 누가는 지붕을 뚫는 사건을 기록할 때 유럽의 이방인 성도들을 위해 '기와를 벗기고'라고 말을 추가하고 있는 것입니다. 어쨌든 이스라엘의 가옥구조가 이러했기 때문에 중풍 병자를 데리고 온 친구들이 지붕으로 올라가 지붕을 뚫고 중풍 병자를 달아 내릴 수 있었던 것입니다.

 치유함과 죄 사함까지 받은 중풍 병자

이 장면을 한 번 상상해 보십시오. 예수님이 지금 말씀을 전하고 있는데 갑자기 지붕에서 소리가 나기 시작하면서 흙이 막 떨어지기 시작합니다. 흙이 떨어지는 자리에 있던 사람들은 그 자리를 피해서 천장을 바라보았습니다.

예수님께서도 전하시는 말씀을 중단하시고 천장을 주목하셨습니다. 예수님뿐만 아니라 그 집 안에 있는 모든 사람의 시선은 천장을 향해 있었습니다. 얼마 지나지 않아서 천장에 구멍이 뚫리고 그 구멍 사이로 침상이 달려 내려왔습니다.

이 장면을 보고 사람들은 어떤 반응 보였을까요?

집주인은 "남의 집 지붕을 구멍 내는 경우가 어디 있느냐"라고 하면서 화를 냈을 것입니다. 집 안에 있는 사람들 가운데서도 "이런 예의 없는 행동이 어디 있느냐"라고 하면서 소리를 지르는 사람도 있었을 것입니다.

그런데 예수님은 어떻게 반응하셨습니까?

예수님은 그들의 믿음을 보시고 이렇게 말씀하십니다.

> 작은 자야 안심하라 네 죄 사함을 받았느니라(막 2:5).

지금 이들의 행동은 틀림없이 무례한 행동이고 예수님의

사역을 방해하는 것이었습니다. 하지만 주님은 그들의 믿음을 보셨다고 말씀하십니다.

주님께서 보신 이들의 믿음은 어떤 믿음입니까?

포기하지 않는 믿음입니다. 주님은 포기하지 않는 저들의 믿음을 보시고 중풍 병자의 병을 고쳐주시고 죄 사함의 은혜를 베풀어 주셨습니다.

포기하지 않으면 이룰 수 있습니다

서울에 있는 모 여자고등학교의 급훈에 이런 내용이 적혀 있다고 합니다.

'포기는 김장할 때만 필요한 배추, 우리에게는 포기란 없다.'

재미있는 표현이지 않습니까?

멕시코 치와와 주의 험준한 협곡에는 타라우마라족이 살고 있다고 합니다. 이들은 '달리기 위해 태어난 부족'이라는 별명을 가지고 있습니다. 이 부족의 아이들은 걷기를 배우기 전에 달리기부터 배웁니다. 그들에게 달리기는 참고 이겨내야 할 고통스러운 그 무엇이 아니라 축제처럼 즐거운 활동입니다. 실제로 '라라히파리'라는 달리기 축제가 열릴 때면, 타라우마라족은 밤새도록 옥수수로 빚은 술을 마시며

파티를 즐기다가 동이 트면 경주를 시작합니다.

그 순간에도 이들은 스트레칭을 하거나 워밍업을 하지 않습니다. 그냥 출발선에 걸어가서 웃고 떠들다가 출발신호가 울리면 그대로 48시간을 쉬지 않고 달립니다.

멕시코 역사학자 '프란시스코 알마다'는 한 타라우마라 인이 한 번에 700km를 달렸다고 기록하고 있습니다. 더욱 놀라운 건, 그들이 매끈하게 포장된 도로가 아니라 깊은 협곡의 울퉁불퉁한 비탈길을 오르내리며 달린다는 사실입니다. 그것도 쿠션이 빵빵한 러닝화가 아니라, 얇은 가죽 밑창에다 끈으로 발등과 발목을 얼기설기 묶은 '샌들'을 신고서 달린다는 것입니다.

그래서 이들이 사냥을 할 때 쓰는 무기는 활이나 창이 아니라 사슴이 쓰러질 때까지 뒤쫓는 집요함이라고 합니다. 사슴의 처지에서 보면 이 사냥꾼들은 정말 혀를 내두를 만큼 지독한 존재입니다. 이제 포기했겠지 싶으면 어느새 따라오고, 이 정도면 단념했겠지 싶은데 계속 따라오는 것입니다.

이렇게 타라우마라족은 여러 날 동안 사슴을 쫓아가 사슴의 발굽이 너덜너덜할 정도로 탈진했을 때 맨손으로 잡는다는 것입니다.

이렇게 포기하지 않으면 이룰 수 있습니다. 물론 모든 것에 대해서 포기하지 말아야 한다는 말이 아닙니다. 때로 우리가 포기해야 할 부분은 빨리 포기해야 할 때도 있습니다. 하나님께서 원하지 않는 것에 대해 고집부리고 있다면 빨리 포기해야 합니다.

포기하지 않는 믿음을 가져야 하는 이유

그런데 주님은 하나님의 자녀들이 왜 포기하지 않는 믿음을 가지기를 원하시는 것일까요?

첫째, 하나님께서 예비하신 은혜와 기적을 볼 수 있기 때문입니다.

만일 중풍 병자와 네 명의 친구가 주님이 계신 집 앞에까지 왔다가 포기하고 그냥 집으로 돌아갔다면 어떻게 되었을까요?

중풍 병자는 남은 생애를 중풍 병자로 살다가 죽음을 맞이했을 것입니다. 치유와 죄 사함의 은혜도 맛보지 못했을 것입니다. 에디슨은 이런 말을 했습니다.

> 많은 인생의 실패자들은 포기할 때 자신이 성공에서 얼마나 가까이 있었는지 모른다.

포기하기는 쉽습니다. 그 자리에서 하던 것을 그만두면 됩니다.

그런데 사람들이 어떨 때 포기합니까?

정말 힘들 때 포기합니다. 도저히 견디기 힘들 때 포기합니다. 하지만 에디슨의 말대로 그 순간이 성공에 가장 가까이 왔을 때라는 것입니다.

사람들은 100m 아래에 엄청난 금맥이 있는데 99m까지 열심히 파고 내려가다 중단하는 경우가 많습니다. 1m만 더 파 보았더라면 어마어마한 금맥을 찾을 수 있는데 바로 직전에 포기하는 것입니다. 이 세상에는 실패하는 사람보다 스스로 포기하는 사람이 훨씬 더 많습니다.

물은 섭씨 100℃가 되어야 끓습니다. 99℃까지는 아무리 열을 가해도 질적인 변화는 일어나지 않습니다. 그냥 물일 뿐입니다. 하지만 내부에서는 조금씩 온도가 올라갑니다. 그러다가 100℃가 되면 순간적으로 액체가 기체로 바뀌면서 폭발적인 에너지를 만들어냅니다. 99℃에서 멈추느냐, 100℃를 넘기느냐, 그 1℃의 차이가 결국 승패를 결정하는 것입니다.

그러므로 우리는 포기하고 싶은 마음이 들 때, 아무리 해도 안 되고, 하면 할수록 나의 부족한 점만 보여 좌절하고 싶을 때 이제 하나님의 은혜와 기적이 가까이 왔다고 생각하고 믿음으로 이겨내야 합니다.

베토벤은 사랑했던 여인이 곁을 떠나고 난청이 찾아오면서 절망에 빠졌습니다. 현실의 무게를 견딜 수 없었던 그는 인근 수도원에 수사님을 찾아갔습니다. 그곳에는 영성이 깊은 수사님이 계셔서 수많은 사람이 그를 찾아왔습니다. 베토벤은 수사님에게 자신이 처한 현실의 벽과 앞으로 나아갈 길을 알려 달라고 눈물로 부탁드렸습니다. 베토벤이 하는 이야기를 묵묵히 듣고 있던 수사님은 아무 말 없이 방 안으로 들어가 속이 깊고 향기 나는 나무상자 하나를 들고 나왔습니다. 그리고 베토벤에게 이렇게 말을 했습니다.

"이 상자 안에 손을 넣어서 여러 개의 유리구슬 중에 단 하나를 꺼내 보게."

베토벤이 꺼낸 구슬은 검은색이었습니다. 수사는 다시 한 번 구슬을 꺼내 보라고 했습니다. 이번에도 베토벤은 검은 구슬을 꺼냈습니다. 수사님이 베토벤에게 이렇게 말했습니다.

> 이보게, 이 상자 안에는 열 개의 구슬이 들었는데, 그중 여덟 개는 검은색이고, 나머지 두 개는 흰색이라네. 검은 구슬이 지닌 의미는 불행과 고통을, 흰 구슬은 행운과 희망을 의미한다네. 어떤 사람은 단 한 번에 흰 구슬을 뽑아서 행복과 성공을 움켜쥐기도 하지만, 자네처럼 연속으로

검은 구슬을 뽑아 불행과 고통 속에 보내기도 한다네.

그런데 말일세. 세상 이치란 참으로 묘한 법이라네. 믿음을 가지고 포기하지 않고 검은 구슬을 내 삶에서 먼저 뽑아낼수록 나중에 흰 구슬을 집을 확률이 월등히 높아지지. 중요한 것은 저 향기 좋은 나무상자 안에 아직 여덟 개의 구슬이 남았고, 그 속에는 분명히 흰 구슬이 들어있다는 거야. 좌절하지 않고, 멈추거나 포기하지 않고, 다시 도전하다 보면 반드시 하늘이 주시는 행운도 자네 편이 되어 흰 구슬을 머지않은 날에 잡을 걸세.

혹시 자신이 검은 구슬만 계속 뽑고 있다고 생각하고 있다면 포기하지 마십시오. 이제 흰 구슬을 뽑을 시간이 얼마 남지 않았기 때문입니다.

둘째, 하나님께서 포기하지 않으셨기 때문입니다.

하나님이 포기하지 않으셨는데 우리가 포기해서는 안 됩니다. 넘어지고 좌절하는 자신을 보고 포기하지 마십시오. 여러분의 자녀들을, 여러분의 가정을 포기하지 마십시오. 여러분에게 붙여주신 영혼을 포기하지 마십시오. 하나님께서는 나를 포기하지 않으시고 나의 자녀와 가정을 포기하지 않으시는데, 죽어가는 그 영혼을 포기하지 않으시는데 우리가 포기해서는 안 되는 것입니다. 포기하는 것이 아니라 끝까지 기도로 하나님 앞에 올려드려야 합니다.

그런데 우리가 포기해서는 안 되지만 내려놓을 수는 있어야 합니다. 포기와 내려놓는 것은 다른 것입니다. 포기는 할 수 없다고 멈추는 것이고, 내려놓음은 할 수 있지만 비우는 마음으로 하지 않기로 결단하고 멈추는 것입니다. 포기와 내려놓음의 차이를 잘 설명해 주는 이야기가 있습니다.

평생 시각장애인으로 살던 최 씨가 병원을 찾았습니다. 어릴 때부터 앞을 보지 못한 채 흰머리가 난 지금까지 살아오다가 혹시나 하고 병원을 찾아가서 의사 선생님께 물어보았습니다.

"제 소원은 이 세상 모든 사물을 제 눈으로 보는 것입니다. 선생님 가능할까요?"

의사 선생님은 고개를 끄덕이며 말했습니다.

"물론입니다. 요즘 의술이 좋아서 가능할 것입니다. 검사 결과 나오면 연락드리겠습니다."

그리고 며칠 후 연락이 왔습니다.

"선생님 기뻐하세요. 수술하면 눈을 되찾을 수 있습니다. 내일이라도 빨리 오세요."

최 씨는 마음이 설레었습니다. 지금 당장 병원으로 달려가고 싶었습니다. 그러나 최 씨는 병원에 가지 않았습니다.

수술비가 없어서도 아니고 시력을 되찾는 게 싫어서도 아니었습니다. 아내가 마음에 걸렸기 때문입니다. 최 씨는 스무 살 때 지금의 아내를 만났습니다.

물론 그 당시도 최 씨는 눈이 보이지 않았기 때문에 자신과 같은 장애인하고는 누구도 결혼하려고 하지 않을 것으로 생각하고 절망 속에 하루하루 지냈습니다. 그런데 어느 날 그에게 한 여인이 다가왔습니다. 최 씨는 그 여인을 사랑하게 되었고 이렇게 프러포즈했습니다.

"미영 씨, 저와 결혼해 주세요. 비록 전 눈이 보이지 않지만, 평생 마음의 눈으로 당신을 보살피고 사랑할게요."

"저도 그러고 싶지만…."

"눈먼 제가 싫으신가요?"

"아니에요. 사실은 제 얼굴이 흉터로 가득해요. 어릴 때 뜨거운 물에 데어서 화상을 입었거든요."

"아닙니다. 저는 미영 씨의 흉터는 안 보이고 아름다운 마음씨만 느껴집니다."

결국, 최 씨는 미영 씨와 결혼을 하게 되고 행복한 가정을 이루며 산 것입니다. 최 씨는 다음 날 병원에 가서 의사에게 수술을 포기하겠다고 했습니다. 의사 선생님이 고개를 갸우뚱거리며 이렇게 물었습니다.

"무서워서 그러시나요?"

"그게 아닙니다."

최 씨는 차분한 목소리로 말했습니다.

"저에게 화상을 입은 아내가 있습니다. 그런데 제가 두 눈을 얻게 되면 아내의 흉측한 얼굴을 보게 되겠지요. 그러면 분명 아내의 마음은 편하지 않을 겁니다. 그래서 수술을 포기하는 겁니다. 다소 불편하지만, 그냥 남은 인생도 시각 장애인으로 지내겠습니다."

최 씨는 수술을 포기한 것이 아니라 사랑하는 아내를 위해 수술을 내려놓은 것입니다. 우리는 주님을 위해서 내려놓을 수 있어야 합니다. 내가 아무리 하고 싶은 것이라고 할지라도 내게 아무리 소중한 것이라고 할지라도 주님께서 원하시지 않는다면 내려놓아야 합니다.

주님은 자신을 세 번씩이나 저주하며 부인한 수제자 베드로를 포기하지 않으셨습니다. 배반하고 다 도망가 버린 제자들을 포기하지 않으셨습니다.

포기는 희망을 절망으로 이끄는 단어입니다. 포기는 실패자의 마지막 변명입니다. 인생은 실패했을 때 끝나는 것이 아니라 포기했을 때 끝나는 것입니다. 최악의 경우라고 하지만, 그래도 포기하기에는 이릅니다. 승리도 행복도 심지어 보장된 미래도 끝까지 포기하지 않는 자의 몫입니다.

우리는 하나님의 자녀들입니다. 그러므로 우리는 어떤 문제든 가능성의 눈을 가지고 바라보아야 합니다. 우리는 할 수 없지만, 하나님께서 함께 하시면 된다는 믿음으로 포기하지 않고 나가야 합니다. 누군가 이런 말을 했습니다.

> 아무도 산에 걸려 넘어지진 않는다. 당신을 휘청이게 하는 것은 모두 작은 조약돌뿐이다. 당신 길에 놓여 있는 모든 조약돌을 지나가라. 그럼 산을 넘었다는 것을 깨닫게 될 것이다.

이 세상에서는 과학으로 설명되지 않는 일이 굉장히 많이 일어납니다. 우리는 그것을 기적이라고 말합니다. 기적은 그냥 일어나는 것이 아니라 믿음이 있을 때 일어나는 것입니다.

믿음은 포기하지 않는 것입니다. 가능성을 보는 것입니다. 사방으로 다 우겨 쌈을 당하여도 포기하지 않고 하늘의 길을 여는 것입니다. 힘들어서 포기하는 인생이 아니라, 편안하기 위해서 포기하는 인생이 아니라, 믿음으로 하나님의 기적을 이루어가야 합니다.

10.
믿음으로 상상하면 현실이 됩니다
(마 21:18-22)

생각한 대로 됩니다

『왓칭』이라는 책에 보면 랭거 교수의 이야기가 나옵니다. 하버드대학교의 심리학자인 랭거 교수는 호텔에서 청소하시는 분들 가운데 84명의 건강 상태를 조사해 보았습니다. 그들은 대부분이 과체중인 데다 배가 불룩 나오고 혈압도 높았습니다. 그 후 랭거 교수는 84명 중에 절반을 비밀리에 따로 불러 청소 활동의 운동효과에 대해 설명해 주었습니다.

"여러분의 운동량은 지금 충분하고도 남습니다. 생각해 보세요. 15분간 시트를 가는 데만 40칼로리가 소모됩니다. 진공청소기를 들고 15분간 청소하면 15칼로리가 더 빠져나갑니다. 방 한 칸을 청소하는 것은 땀을 뻘뻘 흘리며 10분간 운동하는 것과 똑같은 효과가 있습니다. 하루에 열다섯 개의 방을 치우는 것은 두 시간 반 동안 운동을 하는 것과 똑같습니다."

랭거 교수는 차트까지 그려가면서 자세히 설명을 해 주었습니다. 한 달 이후 이 설명을 들은 분들의 건강을 검진해 보았더니 신기한 변화가 나타났습니다. 불룩 나왔던 배가 쑥 들어가고 삼중 턱도 사라졌습니다. 혈압도 떨어졌습니다. 그들이 따로 운동을 한 것 절대 아니었습니다. 다만 교수님의 설명을 들은 것뿐이었습니다.

반면에 설명을 듣지 못한 분들의 몸에는 아무런 변화가 없었습니다. 또한, 청소 자체를 고역이라고 생각하며 일을 한 사람은 피로 독소가 증가한 것으로 나타났습니다.

왜 이런 차이가 나는 것일까요?

랭거 교수는 이렇게 설명합니다.

"청소하며 몸을 움직일 때마다 칼로리가 빠져나간다고 생각하니 실제로 지방이 빠져나간 겁니다. 그런 생각을 안 하며 청소할 땐 오히려 피로 독소만 쌓이는 것입니다."

결국, 랭거 교수의 말은 청소라는 행위를 바라보는 눈이 달라지니 몸도 변화한 것이라는 말입니다. '청소를 지겹고 힘든 것'이라고 바라보았을 때 청소가 건강에 오히려 해가 됐습니다. 하지만 청소할 때마다 칼로리가 빠져나간다고 생각하니까 실제로 살이 빠진 것입니다.

스웨덴의 생리학자인 살틴 교수는 "몸은 우리의 생각을 읽고 변화한다"라고 말을 했습니다. 쉽게 말해 내가 손가락 하나를 까딱이며, '손가락을 까닥이는 것도 운동이야'라고 생각하면 몸 전체에 운동 효과가 나타난다는 것입니다.

'내가 걸어 다니는 것 자체가 운동이야.'

'서 있는 것도 운동이야.'

이렇게 생각하면 실제로 운동 효과가 온몸에 고스란히 나타난다는 것입니다. 우리가 어떻게 생각하느냐에 따라 우리의 몸도 바꾸어진다면, 내 삶에 대해서 어떻게 생각하느냐에 따라 인생이 달라지는 것입니다.

뇌는 상상과 현실을 구분하지 못합니다

제가 하라고 하는 대로 상상을 해 보십시오.

지금 여러분의 입속에 방금 자른 레몬 한 조각이 들어있다고 상상을 해 보십시오.

그리고 그것을 힘껏 깨문다고 상상해 보십시오.

어떻습니까?

여러분의 입속에 침이 고이지 않습니까?

왜 이런 현상이 일어날까요?

우리 뇌가 굉장히 똑똑한 것 같아도 상상과 현실을 구분하지 못한다는 것입니다. 상상과 현실을 구분하지 못하니 뇌가 실제로 레몬을 먹지도 않았는데 신맛을 느끼고, 침을 내보내라는 지시를 내렸기 때문에 입속에 침이 고이는 것입니다.

뇌가 상상과 현실을 구분하는 능력이 없음을 그대로 보여주는 한 예가 바로 최면입니다. 사람을 최면상태에서 빠지게 한 뒤, 고드름을 몸에 갖다 대면서 이것은 시뻘겋게 달아오른 쇠꼬챙이라고 말하면 접촉된 부위에 물집이 잡힌다고 합니다. 이렇게 물집이 생기는 것은 뇌가 최면상태의 상상을 현실로 인지하고, 피부를 화상으로부터 보호하기 위해서 물집을 만들라는 명령을 내렸기 때문이라는 것입니다.

뇌가 현실과 상상을 구분하지 못한다면 우리가 시간을 내서 성공한 자신의 모습, 앞으로 될 자신의 모습을 상상하면 어떤 일이 일어날까요?

실제로 그렇게 하면 뇌는 성공했다고 믿게 된다는 것입니다. 그 결과 뇌는 '성공'과 관련된 정보를 가장 중요한 것으로 취급해서 자신에게 올려보내도록 명령하고 '실패'와 관련된 정보는 들어오는 즉시 삭제해 버릴 것을 명령한다는 것입니다.

성공한 사람은 생생하게 그리는 사람입니다

보통 사람들은 죽도록 열심히 일하는 것을 성공의 제일 요소로 생각합니다. 하지만 성공한 사람들은 이미 성공한 자신의 모습을 생생하게 그릴 수 있는 능력을 성공의 제일 요소로 생각합니다.

성공하고 싶다면 몸과 마음을 성공 에너지로 가득 채워야 한다는 것입니다. 성공자처럼 생각하고, 행동하고, 생생하게 꿈꾸어야 한다는 것입니다. 땅을 박차고 하늘로 날아가려면 두 개의 날개가 필요하듯이 성공하는 사람이 되려면 노력이라는 날개뿐만 아니라 성공에 대해 생생하게 꿈꾸는 또 다른 날개를 달아야 한다는 것입니다.

사람의 미래는 재능이 아니라 그가 마음속으로 생생하게 그리는 그림에 의해서 결정된다고 단언한 사람이 있습니다. 그는 망나니 같은 행동으로 악명 높은 패리스 힐튼의 할아버지 콘라드 힐튼입니다. 콘라드 힐튼은 전 세계에 250개가 넘는 힐튼 호텔을 세운 사람이고 오늘까지도 '호텔

왕'이라고 불리고 있습니다.

콘라드 힐튼은 호텔 '벨 보이'로 사회생활을 시작했습니다. 그는 돈 없고 능력 없는 집안 출신이었고 오랜 세월 동안 힘없고 돈 없는 사람들 속에서 묻혀 살았습니다. 그는 돈 있고 힘 있는 사람들의 가방을 들어주고, 그들이 묵을 방을 청소하고, 뒤치다꺼리를 해 주는 일로 생계를 유지했습니다.

콘라드 힐튼은 10대 후반부터 그 당시 미국에서 가장 큰 호텔의 사진을 구해서 책상 위에 붙여 놓고 그 호텔의 주인이 된 자신의 모습을 '강렬하게' 상상했습니다. 단순히 미래에 대한 꿈을 꾸는 정도가 아니었습니다. 때로는 현실과 꿈의 경계를 분간하지 못할 정도로 그것에 대해 생생하게 그림을 그렸습니다.

15년 뒤인 1949년 10월, 콘라드 힐튼은 미국에서 가장 큰 호텔의 주인이 되었습니다. 훗날 호텔 왕이 된 콘라드 힐튼은 사람들이 성공 비결을 물어올 때마다 이렇게 대답했습니다.

> 흔히 사람들은 재능과 노력이 성공을 가져다줄 것으로 생각한다. 그러나 그렇지 않다. 성공을 불러들이는 것은 생생하게 꿈꾸는 능력이다. 내가 호텔 벨보이 생활을 할 때 내 주위에는 똑같은 처지의 벨 보이들이 많이 있었다.

호텔을 경영하는 재능이 나보다 뛰어난 사람들은 더 많이 있었고, 나보다 더 열심히 일하는 사람들 역시 많이 있었다. 하지만 온 힘을 다해서 성공한 자신의 모습을 그렸던 사람은 오직 나 하나뿐이었다. 성공하는 데 있어서 가장 중요한 것은 꿈꾸는 능력이다.

콘라드 힐튼의 이야기는 이지성 씨가 쓴 『꿈꾸는 다락방』이라는 책에 나오는 내용입니다. 이지성 씨는 성공한 사람들을 연구하면서 그들의 삶 가운데 실천하고 있는 공식이 있음을 그 책을 통해서 말하고 있습니다.

그 공식은 'R(realization)=V(vivid)D(dream)'입니다. 이 공식은 한마디로 '생생하게 꿈꾸면 이루어진다'라는 것입니다. 그런데 이지성 씨는 '생생하게 꿈꾸면 이루어진다'는 공식이 고대 팔레스타인의 한 청년이 자신의 생명을 걸고 설파한 삶의 법칙이자 진리라고 그 책에서 소개합니다.

이 청년이 누구이겠습니까?

바로 예수님이십니다. 이지성 씨는 크리스천입니다. 『꿈꾸는 다락방』 책 끝에 보면 그 책을 쓰게 하신 하나님께 감사와 영광을 돌리고 있습니다. 실제로 '생생하게 꿈꾸면 이루어진다'는 공식은 믿음으로 상상하면 현실이 된다고 하는 주님의 말씀과 동일한 것입니다.

믿음으로 상상하면 현실이 됩니다

예수님께서는 베다니에서 주무시고 아침을 안 드시고 예루살렘으로 다시 들어오셨습니다. 예수님은 몹시 배가 고프셨습니다. 마침 나그네를 위해 준비된 길가에 한 무화과나무를 보시고 열매가 있는가 하여 그쪽으로 가 보셨습니다.

이 무화과나무는 잎만 무성하고 열매가 하나도 없습니다. 예수님께서는 그 무화과나무를 향해 "이제부터 영원토록 네가 열매를 맺지 못하리라"(마 21:19)라고 저주를 하십니다. 그러자 그 무화과나무가 곧 말라 버렸습니다.

제자들은 예수님의 말씀 한마디에 무화과나무가 마른 것을 보고 너무 놀랐습니다. 제자들은 예수님께 물었습니다.

"무화과나무가 어찌하여 곧 말랐나이까?"

이 질문에 대해 주님께서는 이렇게 말씀하셨습니다.

> 내가 진실로 너희에게 이르노니 만일 너희가 믿음이 있고 의심하지 아니하면 이 무화과나무에게 된 이런 일만 할 뿐 아니라 이 산더러 들려 바다에 던져지라 하여도 될 것이요(마 21:21).

곧 예수님은 믿음으로 상상하면 현실이 될 것이라고 말씀하고 있는 것입니다. 그러면서 예수님께서는 "너희는 기도할 때에 무엇이든지 믿고 구하는 것은 다 받으리라"(마 21:22)라고 말씀하셨습니다. 주님은 우리가 믿음으로 구하는 것은 다 받을 것이라고 말씀하십니다.

세상 학문을 연구하는 학자들도 사람이 생각하고 상상만 해도 이루어진다고 하는데, 우리가 믿음으로 상상하고 기도하면 어떻게 되겠습니까?

당연히 그대로 이루어지는 것입니다.

1960년 로마 올림픽 100m, 200m, 400m 계주 3관왕을 차지한 '윌마 루돌프'라는 선수가 있었습니다. '검은 가젤'이라는 별명을 가진 윌마가 긴 다리와 우아한 몸짓으로 결승전을 통과할 때마다 전 세계 언론과 관중들은 열광했습니다.

여성 최초로 육상 종목에서 3관왕을 오른 윌마 루돌프는 공평한 경기장의 출발선과 달리 현실의 출발선은 다른 선수들과 많이 달랐습니다. 세상에서 가장 빠른 여자, 윌마는 어린 시절 대부분을 침대에서 보내야 했습니다.

테네시주 세인트 베들레헴에서 출생한 그녀는 4살 때 급성 폐렴과 성홍열을 크게 앓은 후 소아마비를 겪게 되어 후유증으로 다리가 심하게 휘어져 보조기구 없이는 잠시도 서 있을 수가 없었습니다. 평생 걸을 수 없다는 의사의 진단을 받은 날, 그녀의 어머니는 윌마에게 이렇게 말했습니다.

"윌마! 하나님이 주신 믿음과 능력과 끈기만 있으면, 넌 달릴 수도 있단다."

어머니에게 하나님을 전해 들은 윌마는 그때부터 불가능한 일을 믿음으로 상상하기 시작했습니다. 더 이상 침대에 누워 있지 않고 병마와 싸워서 이기는 상상을 했습니다. 하나님을 믿는 믿음과 가족의 헌신으로 지독한 재활을 견뎌 11세가 되던 해, 윌마는 보조기구를 벗고 혼자 걸을 수 있게 되었습니다.

남들에게는 걷는 것이 기본이었지만 윌마에게는 11년 만에 일어난 기적이었습니다. 이제 그녀는 육상 선수가 되는 일에 온 힘을 다해 집중하기 시작했습니다. 남들보다 늦은 출발이었지만 육상 훈련보다 더 힘든 재활을 견디며 길러진 강한 끈기와 집중력은 타의 추종을 불허했고 그녀의 최고의 강점이 되었습니다.

유력한 우승 후보가 즐비했던 1960년 로마 올림픽에서 윌마 루돌프의 우승을 예상한 사람은 아무도 없었지만, 침대에 누워 하나님을 믿기로 결심했던 그날, 그녀는 자유롭게 전력 질주하는 자신의 모습과 올림픽 금메달을 따는 모습을 믿음으로 상상했습니다. 병약했던 소아마비 소녀가 하나님 안에서 믿음의 상상을 펼치자 믿음은 현실이 되었습니다.

믿음으로 구해도 못 받을 수 있습니다

그런데 정말 믿음으로 상상하면, 믿음으로 기도하면 다 이루어지는 것일까요?

여러분들 중에 아마 믿음으로 상상해 보신 분도 있을 것이고 믿음으로 기도하신 분도 있을 것입니다.

정말 그 모든 것이 믿은 대로 다 되었습니까?

아닐 것입니다. 어떤 경우는 여러분이 기도한 것과는 반대로 이루어진 것도 있을 것입니다. 어떤 경우에는 A를 구하였는데 B를 받으신 예도 있을 것입니다. 때로는 여러분이 기도한 대로 응답받지 못한 예도 있을 것입니다.

왜 그럴까요?

그것은 여러분이 기도한 것이 하나님의 뜻과 다르기 때문입니다. 곧 하나님의 뜻과 다른 것은 아무리 믿음으로 구해도 이루어지지 않습니다. '주실 줄 믿습니다' 해도 이루어지지 않습니다. 하나님은 언제나 우리에게 가장 좋은 것을 주기를 원하십니다. 그래서 믿음으로 구하는 것은 다 주시지만, 하나님의 뜻에 합당할 때 주시는 것입니다.

믿음이 현실이 되기 위해서 해야 할 일

우리가 하나님의 뜻 안에서 믿음으로 상상하고 기도하는 것이 현실이 되기 위해서 우리가 해야 할 일이 있습니다.

첫째, 의심하지 말아야 합니다.
예수님은 믿음이 있고 의심하지 아니하면 그대로 된다고 하셨습니다. 야고보 사도도 이렇게 말씀합니다.

> 오직 믿음으로 구하고 조금도 의심하지 말라 의심하는 자는 마치 바람에 밀려 요동하는 바다 물결 같으니 이런 사람은 무엇이든지 주께 얻기를 생각하지 말라 두 마음을 품어 모든 일에 정함이 없는 자로다(약 1:6-8).

야고보 사도도 의심하며 기도하는 사람은 주께 얻기를 생각하지 말라고 말씀하십니다. 왜냐하면, 그 마음이 바람에 밀려 이리저리 요동하는 바다 물결 같고 두 마음을 품어서 모든 일에 정함이 없기 때문이라는 것입니다. 정함이 없다는 것은 불안하다는 것입니다.

어떨 때 기도하면 들어 주실 것 같고 상황이 점점 더 나빠지면 기도를 안 들어 주실 것 같아 마음이 불안한 것입니다. 이렇게 상황에 따라 환경에 따라 흔들리며 의심하고 기도하면 하나님으로부터 얻기를 생각하지 말아야 한다는 것입니다.

우리가 분명히 의심하지 않고 믿음으로 상상하고 기도하면 현실이 됩니다. 그런데 우리가 기억해야 할 것은 부정적인 상상을 해도 그것이 현실이 된다는 것입니다. 시험에 떨어질 것이라고 부정적인 상상을 하면 정말 시험에 떨어집니다. 이번에 실패할 것 같다고 상상을 하면 실패하게 됩니다. 부정적인 상상을 하면 부정적인 결과를 맞이하게 됩니다. 부정적인 상상을 하면서 살아갈 것인지 믿음으로 상상하고 기도하며 살 것인지는 우리의 선택에 달린 것입니다.

둘째, 지속해서 해야 합니다.

한번 믿음으로 상상하고 기도하는 것으로 그치는 것이 아니라 그것이 이루어질 때까지 지속해서 해야 합니다. 앞에서 말씀드린 윌마도 4살 때 소아마비를 겪고 의사로부터 평생 걸을 수 없다는 판정을 받았습니다.

하지만 어머니를 통해 하나님을 알고 믿음으로 나을 것을 상상하고 기도했습니다. 그렇다고 곧바로 이루어진 것이 아닙니다. 지독한 재활 훈련을 통해 11살이 되었을 때 보조기구 없이 걸을 수 있었습니다.

육상 선수가 되고서도 금메달을 목에 걸기까지 힘든 과정이 얼마나 많았겠습니까?

하지만 윌마는 믿음으로 상상하고 끝까지 포기하지 않았습니다. 그렇게 하였을 때 그녀는 최초로 올림픽 여자 육상 3관왕이라는 영광을 누리게 된 것입니다.

스탠퍼드 대학의 양자 물리학자인 틸러 교수는 기도의 효과를 실제로 실험을 통해서 증명한 분입니다. 틸러 교수는 이렇게 말합니다.

> 기도가 반복될수록 그 효과는 점점 더 강해진다. 기도의 효과가 당장 눈앞의 현실로 나타나지 않는다고 실망할 필요가 없다. 한 삽, 두 삽의 흙을 파냈다고 금방 우물물이 솟아오르지 않는다. 수천 번, 수만 번 삽질해 내려가다 보면 갈수록 깊어지다 어느 순간 갑자기 물이 콸콸 솟아오른다.

기도는 적금과 같은 것입니다. 우리의 기도는 사라지지 않습니다. 적금을 들어 놓은 돈은 어디 가지 않습니다. 하지만 그 적금은 만기가 되어야 이자까지 탈 수 있습니다. 힘들지만 만기가 될 때까지 적금을 부어 넣어야 합니다.

기도는 응답받을 때까지 하는 것입니다. 포기하기는

쉽습니다. 하지 않으면 그만입니다. 사탄은 우리에게 끊임없이 당장 이루어지지 않는 것으로 인해 믿음으로 상상하는 것을 포기하라고 속삭입니다. 믿음으로 기도하는 것을 포기하라고 합니다. 하지만 우리 주님은 끝까지 이루어질 때까지 지속해서 하라고 말씀하십니다.

혹시 믿음으로 상상하다가, 믿음으로 기도하다가, 중도에 포기한 것이 있으십니까?

다시 시작하십시오.

끝까지 믿음으로 상상하시고 기도해 보십시오.

그것이 현실이 될 것입니다.

일본인들이 많이 기르는 관상어 중에 '고이'라는 잉어가 있습니다. 고이는 작은 어항에 넣어두면 5cm 정도밖에 자라지 않지만, 연못에 풀어주면 25cm까지 자랍니다. 또, 강물에 방류하면 무려 1m 안팎까지 자랍니다. 알고 보면 고이만 그런 것이 아닙니다. 네덜란드의 한 남성이 길렀던 금붕어는 47.4cm나 자랐던 것으로 기네스북은 기록하고 있습니다. 금붕어 역시 강물에 방류하면 1m도 넘게 자란다는 것입니다.

그뿐만이 아닙니다. 큰 곳에 살면 수명도 늘어난다고 합니다. 영국의 '티시'라는 이름의 금붕어는 무려 43년간이나 살아서 역시 기네스북에 올랐습니다. 얼마나 넓고 멀리 바라보며 자라느냐에 따라 물고기의 크기가 스무 배나 넘게 차이가 나고 수명도 부쩍부쩍 늘어난다는 것입니다.

우리의 삶도 마찬가지입니다. 믿음으로 상상하고 더 넓고 멀리 바라보고 기도하면 우리는 하나님께 더 귀하게 쓰임 받을 수 있습니다.

> 믿음은 바라는 것들의 실상이요 보이지 않는 것들의 증거니(히 11:1).

믿음은 눈에 보이지 않지만 바라는 것을 실체로 만듭니다. 믿음으로 상상하면 현실이 됩니다.

제3부

순종이 하나님의 사람을 만듭니다

11. 순종은 멀리 보는 것입니다

12. 잘 멈추는 것이 중요합니다

13. 수동태의 삶을 살아야 합니다

14. 은혜의 끈에 묶여 끌려가는 것이 축복입니다

15. 하나님께 설득당해야 합니다

11.
순종은 멀리 보는 것입니다
(창 12:1-4)

현악 4중주

실내악 가운데 현악 4중주가 있습니다. 현악 4중주는 2명의 바이올린 연주자와 1명의 비올라 연주자, 1명의 첼로 연주자로 이루어집니다. 현악 4중주에 대해서 프랑스의 소설가 스탕달은 이렇게 말을 했습니다.

제1 바이올린은 언제나 화제를 제공하면서 대화를 주도하는 재치 있는 중년, 제2 바이올린은 수줍어서 남에게 양보를 잘 하는 친구, 비올라는 대화의 꽃을 피우며 분위기를 부드럽게 이끌어 가는 여성, 첼로는 학식이 많고 대화를 조정해 주는 중후한 분위기의 신사다.

또한, 바이올린 연주자인 이언 벨튼은 이런 말을 했습니다.

> 현악 4중주 단원 생활이란 네 명이 한 차에 함께 타고 있는데 한 명은 초보 운전이고, 다른 한 명은 지도책을 들여다보고 있고, 다른 두 명은 뒷좌석에서 운전하고 있는 것과 같다. 앞에서 운전하는 사람은 그것을 즐길 수 있어야 한다. 그리고 10분마다 한 번씩 그 역할을 바꿔 가는 것이다. 이런 상황에 대처할 수 없다면 현악 4중주를 하지 말라.

현악 4중주단은 결성하기는 쉬워도 오래 살아남기는 매우 어렵다고 합니다. 쉽게 말해 깨지기 쉬운 유리그릇 같은 조직이라는 것입니다. 그래서 '함께 음악 만들기'의 매력에 푹 빠지지 않으면 4중주만큼 힘들고 고된 연주 활동도 없다고 합니다. 음악이나 악기에 대해서 잘 몰라도 현악 4중주에 대한 이야기를 들으면 현악 4중주를 하기가 쉽지 않은 일이라는 생각이 듭니다.

하지만 아무리 어려워도 함께 음악을 만들어가려고 하는 마음만 있으면 된다는 것입니다. 곧 전체를 보면 된다는 것입니다. 혼자서 돋보이려고 하지 않고 전체 연주를 생각하면서 자신의 역할을 감당하면 이보다 더 아름다운 하모니가 없다는 것입니다.

전체를 보는 것이 중요합니다

우리 인생도 마찬가지 아닙니까?

우리가 행복하고 아름다운 인생을 살아가기 위해서는 전체를 보고 부분을 볼 수 있어야 합니다. 전체를 생각하고 전체 속에서 자신이 해야 할 역할을 잘 감당하며 살아가야 합니다. 가정이라는 공동체 속에서 교회라는 공동체 속에서 직장이라는 공동체 속에서 전체 공동체를 생각하고, 그 안에서 조화를 이루며 살아갈 때 나도 행복하고 공동체도 행복할 수 있는 것입니다.

퍼즐을 맞출 때 어떻게 맞추십니까?

그냥 수많은 조각을 무조건 내 생각대로 맞추십니까?

물론 간단한 퍼즐은 아무렇게나 맞춰도 맞출 수 있습니다. 하지만 복잡한 퍼즐은 그렇게 하면 하루 종일 퍼즐을 맞춰도 맞추기가 힘듭니다. 퍼즐을 맞추려면 퍼즐이 맞추어졌을 때 완성된 전체 그림을 먼저 보아야 합니다. 그 그림을 보면서 조각조각을 맞추다 보면 어느새 퍼즐을 완성하게 되는 것입니다. 이처럼 전체를 보는 것은 너무나 중요합니다.

멀리 보는 것이 중요합니다

우리가 인생을 살아가는 데 전체를 보는 것도 중요하지만 또 하나 중요한 것이 있습니다. 그것은 멀리 보는 것입니다. 멀리 본다는 것을 달리 표현하자면 미래를 생각한다는 것입니다. 사람은 당장 눈에 보이는 현실적인 것만을 생각할 때가 많습니다. 눈에 보이는 이익만을 생각할 때가 많습니다.

우리나라 사람을 가만히 보면 어느 사업이 잘 된다고 하면 거기에 우르르 몰려드는 것을 볼 수 있습니다. 우리 교회 주변에 갑자기 많이 생긴 가게가 있습니다. '셀프 빨래방'입니다. 제가 본 것만 해도 네 군데나 됩니다. 우리 교회 주변에 원룸이 많다 보니 '셀프 빨래방'이 많이 생긴 것 같습니다.

그런데 많은 사람이 앞으로 그 사업에 대한 전망에 대해서 구체적으로 생각도 해 보지 않고 남들이 잘된다고 하니 그냥 시작하는 경우가 많습니다. 그것에 관해 공부도 하지 않고 연구도 하지 않고 시작하는 것입니다. 그렇게 시작해서 잘 되는 경우는 극소수입니다. 이미 잘된다고 할 때 뛰어들면 늦습니다.

멀리 바라보지 못한 기업 노키아

기업도 마찬가지입니다. 기업도 멀리 바라보지 않으면 망할 수밖에 없습니다. 노키아는 전 세계 핸드폰 시장을 선도한 핀란드의 국민 기업이었습니다. 돈 좀 있다는 사람은 노키아 핸드폰 케이스를 보여주며 자랑하던 시절이 있었습니다. 그런데 애플 등 핸드폰 후발주자들이 시장에 등장하면서 노키아는 수세에 몰리고 마침내 망하고 맙니다.

정확히 이야기하면 기존의 핸드폰이 아닌 스마트폰 체제로 핸드폰 시장이 급변하면서 일어난 사건입니다. 애플이 핸드폰을 생산한다고 그랬을 때 노키아는 웃었습니다.

'너희가 해봐야 얼마나 하겠어. 우리 노하우를 따라잡을 수나 있어?'

이런 생각을 하고 있던 노키아는 스마트폰을 가지고 나타난 애플에 놀랐고, 어찌할 바를 몰라 허둥지둥 댈 수밖에 없었습니다. 그 사이 노키아가 장악했던 핸드폰 시장은 스마트폰 시장으로 잠식되어 갔고, 노키아는 마침내 몰락하고 맙니다. 노키아가 교만하지 않고 시대의 변화를 보고 멀리 바라보았다면 몰락하지 않았을 것입니다.

멀리 바라본 기업 파타고니아

이에 반해 멀리 내다보는 기업도 많이 있습니다.

자기 회사 제품을 사지 말라고 광고하는 회사가 있을까요?

미국의 아웃도어 의류업체인 '파타고니아'는 자기 회사 제품을 사지 말라고 광고하는 회사입니다. 이 회사는 2011년 뉴욕타임스에 "이 재킷을 사지 마라"라는 광고를 게재해 화제를 모았습니다. '파타고니아'에서 이런 광고를 게재한 것은 환경 피해를 줄이기 위해서는 불필요한 소비를 줄여야 한다는 이유에서였습니다. 파타고니아는 헌 옷을 수선해 입으라는 캠페인을 벌이기도 했습니다.

1973년 설립된 이 회사는 '환경'을 최고의 기업이념으로 내세웁니다. 모든 의류는 100% 유기농법으로 재배한 면으로만 만들고, 모든 카탈로그는 재생용지로 만듭니다. 또한, 새로운 매장 공사에는 친환경 페인트와 재활용 벽면 소재를 사용합니다. 매년 매출의 1%를 환경단체에 기부합니다.

그런데 자사 제품을 사지 말라고 권하는 별난 회사인데도 불구하고, 2013년 8월 미국 아웃도어 의류 시장에서 노스페이스에 이어 점유율 2위를 기록했습니다. 파타고니아에는 사명선언문이 있습니다.

"우리는 필요한 제품을 최고의 품질로 만들고, 제품 생산으로 환경 피해를 주지 않으며, 환경 위기 극복을 위한 해법을 찾아 널리 알리고 실천한다."

파타고니아는 앞으로 심각해질 환경 문제를 파악해서 회사를 운영하는 것과 접목을 시켰고, 그 결과 소비자들로부터 좋은 반응을 얻게 된 것입니다.

순종은 멀리 보는 것입니다

지금 대한민국에는 '미투 운동'이 퍼지고 있습니다. 남자들이 자신의 권력을 이용해서 여자를 성폭행하는 것은 결국 멀리 바라보지 못해서 그런 것입니다. 그들이 지금의 결과가 올 것을 미리 생각했다면 그런 행동을 하지 않았을 것입니다. 이렇게 멀리 바라보는 것은 너무나 중요한 것입니다.

멀리 보는 것은 우리가 일상생활을 하는 데 있어서 너무나 중요하지만, 신앙생활을 하는 데 있어서는 더 중요합니다. 신앙생활을 하는 데 있어서 그리스도인에게 가장 중요한 것은 순종입니다. 하나님께서는 우리가 하나님을 위해 위대한 일을 하기보다 하나님의 말씀에 순종하기를 원하십니다.

순종에 대해서 다양한 정의를 할 수 있겠지만, 저는 '순종은 멀리 보는 것'이라고 정의를 해 보았습니다. 순종은 당장 눈앞에 있는 것을 보는 것이 아니라 멀리 보는 것입니다. 달리 표현하자면 우리가 순종하려면 멀리 볼 수 있어야 한다는 것입니다. 눈앞에 보이는 것, 현실에만 주목하면 순종하기 힘이 듭니다.

당장 손해 보는 장사 같은데 순종할 수 있는 사람이 어디에 있겠습니까?

하지만 멀리 보면 순종할 수 있습니다. 미래를 생각하면 순종할 수 있습니다.

하나님의 말씀에 순종하는 아브라함

하나님께서는 이 땅에 하나님의 나라를 세우시기 위해서 아브라함을 갈대아 우르에서 부르십니다. 하나님께서는 아브라함에게 말씀하셨습니다.

> 너는 너의 고향과 친척과 아버지의 집을 떠나 내가 네게 보여줄 땅으로 가라(창 12:1).

또한, 아브라함에게 약속의 말씀을 해 주십니다.

> 내가 너로 큰 민족을 이루고 네게 복을 주어 네 이름을 창대하게 하리니 너는 복이 될지라 너를 축복하는 자에게는 내가 복을 내리고 너를 저주하는 자에게는 내가 저주하리니 땅의 모든 족속이 너로 말미암아 복을 얻을 것이라 하신지라(창 12:2-3).

아브라함이 이 말씀을 들었을 때 어떤 마음이 들었을까요?

여러분에게 네 집과 고향을 떠나라고 하시면서 하나님께서 이런 말씀을 하셨다면 어떤 마음이 드셨겠습니까?

이때 아브라함의 나이는 75세입니다. 75세가 되도록 아브라함에게는 자식이 없었습니다. 이런 아브라함에게 하나님께서 가장 먼저 하신 말씀이 '너로 큰 민족을 이루겠다'는 것입니다. 하나님께서 아브라함에게 한 명의 자식이라도 주시고 이런 말씀을 하신 것이 아닙니다. 한 명의 자식도 없는 상태에서 큰 민족을 이루어 주시겠다는 것입니다.

그리고 아브라함은 갈대아 우르에 사는 소시민에 불과했습니다. 이런 아브라함에게 하나님께서는 '네 이름을 창대케 해 주고 땅의 모든 족속이 너로 말미암아 복을 얻게 해 주시겠다'고 말씀하십니다. 아브라함이 현재의 입장에서 이 말씀을 들으면 너무나 황당한 이야기입니다. 그런데 아브라함은 하나님의 말씀에 순종해서 자신의 고향인 갈대아 우르를 떠납니다.

아브라함은 멀리 바라보았기에 순종할 수 있었습니다

우리나라를 보면 해마다 장마 때가 되거나 태풍이 오면 피해를 보는 지방이 또 피해를 봅니다. 저는 그 모습을 보면서 이런 생각을 해 본 적이 있습니다.

'해마다 피해를 보면 다른 곳으로 이사 가시면 더 좋지 않을까?'

그런데 그 지역에 있는 분들은 여전히 피해를 보면서도 그곳에서 살고 계십니다. 그만큼 고향을 떠난다는 것이 쉽지 않다는 것입니다. 특히 나이 드신 어르신들은 더더욱 그렇습니다. 정든 고향과 고향 친구를 두고 떠난다는 것은 어려운 일입니다. 나이가 들어서 고향을 떠나 낯선 환경 가운데 적응해 나간다는 것도 만만치 않은 일입니다.

아브라함의 나이 75세면 이미 많은 나이입니다. 이 나이에 오랫동안 정든 고향을 떠난다는 것은 쉽지 않습니다. 자식도 한 명 없는데 하나님의 약속을 믿고 떠난다는 것은 분명히 어려운 일입니다. 그런데도 아브라함은 하나님의 말씀에 순종하고 있습니다.

그 이유가 무엇이겠습니까?

멀리 바라보았기 때문입니다. 당장 눈앞에 보이는 것은 아무것도 없고 이루어진 것도 아무것도 없지만 멀리 바라보고 믿음으로 순종하는 것입니다.

멀리서 바라보면 목표물이 희미하게 보일 수밖에 없습니다. 희미하다고 해서 존재하지 않는 것이 아닙니다. 단지 명확하게 보이지 않을 뿐입니다. 우리는 믿음이라는 망원경을 통해서 멀리 있는 것을 바라볼 수 있어야 합니다.

> 아브라함이 바랄 수 없는 중에 바라고 믿었으니 이는 네 후손이 이 같으리라 하신 말씀대로 많은 민족의 조상이 되게 하려 하심이라 그가 백 세나 되어 자기 몸이 죽은 것 같고 사라의 태가 죽은 것 같음을 알고도 믿음이 약하여지지 아니하고 믿음이 없어 하나님의 약속을 의심하지 않고 믿음으로 견고하여져서 하나님께 영광을 돌리며 약속하신 그것을 또한 능히 이루실 줄을 확신하였으니 (롬 4:18-21).

아브라함은 바랄 수 없는 중에 바라고 믿었습니다. 곧 아브라함은 현실의 불가능을 바라본 것이 아니라 하나님의 약속하신 말씀을 믿었습니다. 100세 된 자신을 보아도,

태가 죽은 90세 된 사라를 바라보아도 아이를 낳을 수 없는 것이 현실이지만 아브라함은 믿음이 약해지지 않았습니다.

아브라함은 하나님의 약속을 의심하지 않고 확신하였습니다. 아브라함은 눈앞에 펼쳐진 상황이 아니라 믿음의 망원경으로 하나님의 약속을 바라보았기 때문에 순종할 수 있었습니다.

얼마나 멀리 바라보시고 하나님께 순종하고 계십니까?

혹시 눈에 보이는 현실 때문에 하나님의 말씀에 불순종하고 있지는 않으십니까?

우리 앞에 닥쳐진 현실의 문제가 아무리 어렵더라도 멀리 바라보고 순종할 수 있어야 합니다. 그것이 당장에는 힘이 들고 손해가 되는 것 같지만 사는 길입니다. 하나님께서는 하나님의 말씀에 순종하는 자를 축복해 주시고 반드시 책임져 주십니다.

멀리 보기 위해 해야 할 일

멀리 보아야 순종할 수 있다면 우리가 멀리 보기 위해 해야 할 일이 있습니다.

첫째, 고개를 들어야 합니다.

고개를 숙이고 땅만 보는 것이 아니라 고개를 들고 앞을 바라보아야 합니다. 위를 바라보아야 합니다. 곧 이 땅의 것이 전부인 줄 알고 땅의 것만을 바라보는 것이 아니라 하나님을 바라보아야 한다는 것입니다. 하나님의 나라를 바라보아야 한다는 것입니다.

마귀는 끊임없이 땅의 것만을 바라보라고 속삭입니다. 땅의 것이 전부라고 이야기합니다. 눈앞에 보이는 것이 전부라고 이야기를 합니다. 그래서 그것을 취하라고 합니다. 마귀가 예수님을 시험하는 것을 보십시오. 마귀는 예수님께 당장 눈앞에 보이는 문제를 해결하라고 합니다.

마귀는 예수님께 40일 동안 금식을 해서 배가 고프니까 직접 돌로 떡을 만들어서 먹으라고 합니다. 눈에 보이는 천하만국을 줄 테니 자신에게 절하라고 합니다. 높은 곳에서 뛰어내려서 당장 하나님의 아들임을 증명해 보이라고 합니다. 하지만 예수님은 마귀의 유혹에 넘어가지 않습니다. 예수님은 하나님을 바라보며 말씀으로 이 모든 미혹을 물리치십니다.

가룟 유다는 3년 동안을 예수님과 동고동락한 제자였습니다. 예수님께서 회계를 가룟 유다에게 맡기셨다는 것은 그만큼 신뢰했다는 것입니다. 하지만 가룟 유다는 돈에 눈이 멀어서 예수님을 은 30에 팔아넘깁니다. 가룟 유다는 고개를 숙인 채 돈만 바라보았습니다. 그가 눈을 들어 멀리 보았다면, 예수님을 바로 보았다면 이런 일을 행하지 않았을 것입니다.

지금 여러분의 시선은 어디를 향해 있으십니까?

땅을 향해 있으십니까?

하늘을 향해 있으십니까?

현실의 문제를 향해 있으십니까?

주님을 향해 있으십니까?

고개를 숙이고 땅의 것을 바라보고 있다면 눈을 들어 하늘의 것을 바라보십시오. 주님을 바라보십시오. 그러면 하나님의 말씀에 순종할 수 있습니다.

둘째, 높은 곳으로 올라가야 합니다.

리처드 바크가 쓴 『갈매기의 꿈』이 전해 주는 명언은 '높이 나는 새가 멀리 본다'는 것입니다. 낮게 나는 새는 멀리 볼 수 없습니다. 사람도 마찬가지입니다. 높이 올라가야 먼 곳을 볼 수 있습니다. 우리 교회 옥상에 올라가서 동네를 보는 것과 아파트 옥상에 올라가서 보는 것은 다릅니다. 낮은 곳에서 안 보이던 것이 높이 올라가면 보입니다. 더 멀리 보입니다.

사람들이 힘들지만, 왜 산꼭대기까지 올라가려고 합니까?

산꼭대기에 올라가면 넓게 펼쳐진 광경을 볼 수 있기 때문입니다. 더 먼 곳을 볼 수 있기 때문입니다.

그러면 신앙생활을 하는 데 있어서 높이 올라간다는 것은 무엇을 의미하는 것일까요?

성장하고 성숙해지는 것을 의미합니다. 이 땅에 태어난 아이는 성장해야 합니다. 그것이 정상입니다. 시간이 지나감에도 성장하지 않으면 그 아이는 병이 들었다는 증거입니다. 아이는 어른으로 성장하면서 또 성숙해져야 합니다. 그러면 멀리 볼 수 있습니다. 어렸을 때 보지 못했던 것을 보게 됩니다.

우리가 어디까지 성숙해져야 합니까?

예수님을 닮기까지 성숙해져야 합니다. 우리의 목표는 예수님이십니다. 우리가 성숙하면 하나님의 말씀에 순종할 수 있습니다. 성숙하면 하나님께서 왜 그렇게 하라고 하시는지 그 마음을 알기 때문입니다. 사람이 철이 들면 부모의 마음을 헤아리고 부모의 말씀에 순종하는 것과 같은 것입니다.

셋째, 끊임없이 훈련해야 합니다.

인간은 육신의 눈을 가지고 있으므로 눈에 보이는 것에 영향을 받기가 쉽습니다. 당장 현실이 눈에 보일 수밖에 없습니다. 그러다 보면 나도 모르게 현실에 안주하게 되고 눈앞에 이익을 따라가게 됩니다. 멀리 보는 것은 저절로 되는 것이 아닙니다. 끊임없이 멀리 보기 위한 훈련을 해야 합니다.

인류 가운데 시력이 가장 뛰어난 민족이 어떤 민족인지 아십니까?

아프리카 탄자니아의 "하드자족"입니다. 각 부족 간 시력 테스트를 해 본 결과, 하드자족 중에서 가장 뛰어난 시력의 소유자가 나왔는데요.

그 시력이 얼마나 될까요?

놀랍게도 11.0이라는 결과가 나왔습니다. 시력 검사를 하면 2.0이 최고 시력으로 나옵니다. 이런 측면에서 생각해 보면 시력이 11.0이라는 것이 상상이 안 됩니다. 11.0이라는 시력은 어느 정도인가 하면요. 1km 전방에 있는 동물이 어떤 동물인지가 식별이 가능한 시력입니다. 조금 더 현실감 있게 말씀드리면 14층 건물 옥상에서 지면에 세워 놓은 파스타 면의 수를 셀 수 있는 시력입니다. 이 정도 시력은 망원경이 아니면 불가능한 시력입니다.

오래전부터 하드자족은 사냥과 목축을 생계수단으로 해 왔다고 합니다. 광대한 토지에 퍼진 동물을 관리하기 위해, 멀리 떨어진 곳에서 동물들의 움직임을 파악하기 위해서 시력이 발달했던 것입니다. 이들은 처음부터 이렇게 시력이 좋았던 것이 아니었습니다. 살기 위해서 끊임없이 멀리 보는 것을 연습하다 보니 시력이 좋아진 것입니다.

우리는 늘 멀리 보는 연습을 해야 합니다. 매일 주님 바라보는 연습을 해야 합니다. 천국 바라보는 연습을 해야 합니다. 그래야 실제로 순종해야 할 때 기꺼이 순종할 수 있습니다.

아브라함이 어떻게 100세에 태어난 이삭을 바칠 수 있었습니까?

그는 하나님을 바라보는 훈련을 늘 했기 때문입니다. 아브라함은 하나님께서 자신을 통해 큰 민족을 이루어 주시겠다고 약속하셨기 때문에, 그 약속을 이루시려면 이삭을 죽이시면 안 된다는 것을 확신하고 있었습니다. 아니 죽여도 이삭을 통해서 큰 민족을 이루어야 하므로 하나님께서 다시 살려주실 것을 믿었던 것입니다.

> 아브라함은 시험을 받을 때 믿음으로 이삭을 드렸으니 그는 약속들을 받은 자로되 그 외아들을 드렸느니라 그에게 이미 말씀하시기를 네 자손이라 칭할 자는 이삭으로 말미암으리라 하셨으니 그가 하나님이 능히 이삭을 죽은 자 가운데서 다시 살리실 줄로 생각한지라 비유컨대 그를 죽은 자 가운데서 도로 받은 것이니라(히 11:17-19).

아브라함은 늘 하나님을 바라보는 연습을 했기에 이해되지 않는 것을 하나님께서 하라고 하셔도 기꺼이 그 말씀 앞에 순종했습니다. 예수님께서 하나님의 말씀에 순종하여 십자가를 지신 것도 멀리 바라보셨기 때문입니다. 하나님을 바라보셨기 때문입니다. 그 십자가를 통해서 구원받을 인간들을 생각하였기에 기꺼이 순종하는 것입니다.

순종은 멀리 바라보는 것입니다. 멀리 바라보아야 순종할 수 있습니다. 당장에 눈앞에 보이는 것만, 땅의 것만 바라보면 순종할 수 없습니다. 멀리 바라보기 위해서는 고개를 들어 하늘을 바라봐야 합니다.

하나님을 바라보아야 합니다. 또한, 높이 올라가야 합니다. 높이 올라간 만큼 더 멀리 바라볼 수 있습니다. 곧 성숙해져야 합니다. 그리고 멀리 바라보는 훈련을 해야 합니다. 멀리 바라보는 것은 하루아침에 되는 것이 아닙니다.

12.
잘 멈추는 것이 중요합니다
(창 26:1-13)

 칭찬보다 격려가 중요합니다

여러분은 칭찬을 받는 사람이 되고 싶으십니까?
격려를 받는 사람이 되고 싶으십니까?
아마 격려보다 칭찬받기를 원하시는 분들이 많으실 것입니다. 하지만 칭찬보다 더 중요한 것은 격려입니다. 그 이유는 칭찬과 격려의 차이를 살펴보면 알 수 있습니다. 초등교육 정보에서 칭찬과 격려의 차이를 이렇게 기록해 놓았습니다.

칭찬과 격려는 비슷한 듯하지만 조금은 느낌이 다르답니다. 주로 칭찬을 많이 하는 엄마는 스스로 이렇게 생각할 것입니다.

'나는 아이에게 소리 지르고 야단치는 엄마하고는 달라. 나는 아이들 위주로 생각할 뿐만 아니라 얼마나 민주적인데! 이렇게 칭찬을 많이 해서 기르면 다른 어느 집 아이들보다 훌륭하게 자랄 거야.'

그러나 이렇게 매일 칭찬을 한다고 해서 반드시 엄마 생각대로만 성장하는 것은 아닙니다. 아이들이 보다 자율적이고 책임감 있는 아이로 성장하기를 원한다면 칭찬과는 비슷하지만 조금은 느낌이 다른 격려라는 방법을 함께 사용하는 것이 효과적입니다.

자녀에게 칭찬하는 경우는 대체로 남보다 뛰어났을 때나 잘했을 때입니다. 또한, 남보다 잘 한 것이 너무 대견해서 다음에 또 잘하라고 칭찬을 하게 됩니다. 즉, 성공했을 때 주어지게 되는 것입니다. 아마 실패했을 때 칭찬하는 경우는 거의 없을 것입니다.

이와 달리 격려는 아주 작은 것일지라도 열심히 노력한 것에 대해 주어지는 것입니다. 노력했으나 실패했을지라도 기꺼이 할 수 있는 것이 격려입니다. 즉, 칭찬에는 결과에 대한 성취감이 포함되어 있고, 격려에는 과정에 대한 소중함이 내포되어 있습니다. 칭찬을 바라고 어떤 일을 하는 아이는 칭찬받을 생각을 벌써 마음속에서 하게 됩니다. 엄마를 만족하게 하려고 무엇인가를 해 놓았을 때 결국 칭찬을 받지 못한다면 아이는 스스로 자신이 못났다고 생각하고 좌절하게 될 것입니다.

하지만 격려를 많이 받고 자란 아이는 어떤 것에 실패하더라도 긍정적인 생각을 많이 하게 됩니다. 격려란 잘 했을 때도 주어지고 비록 실패했더라도 주어지기 때문입니다. 격려는 아이 스스로 자신이 꽤 가치 있는 존재라고 느끼게 하는 좋은 방법입니다.

칭찬과 격려의 차이를 조금 더 말씀을 드리면요. '칭찬'은 '무언가를 잘했다는 것을 조건으로' 주어지는 행위입니다. 즉, 칭찬이란 무언가 뛰어나게 잘했다는 조건이 있을 때 할 수 있는 것입니다.

하지만 '격려'는 '…에도 불구하고' 그 사람에게 힘을 북돋우어 주기 위한 행위를 의미합니다. 격려는 어떤 조건이 있어야만 하는 것이 아니라, 아무런 조건이 없어도, 그럼에도 불구하고 상대에게 힘을 줄 수 있는 행위입니다.

칭찬은 그 사람의 행위에 초점을 맞추는 것이라면 격려는 그 사람에게 초점을 맞추는 것입니다. 칭찬은 상대적이라면 격려는 절대적이라고 할 수 있습니다.

이런 측면에서 본다면 어떻습니까?

우리가 칭찬도 해 주어야 하지만 칭찬보다 더 중요한 것이 격려라는 것을 알 수 있는 것입니다.

잘 달리는 것도 중요하지만 잘 멈추어야 합니다

자동차는 크게 오토 자동차와 스틱 자동차로 나눌 수 있습니다. 두 자동차가 운전하는 데 공통으로 있는 것이 있습니다. 바로 액셀러레이터와 브레이크입니다. 오토 자동차라고 할지라도 속도를 내는 액셀러레이터와 속도를 줄이고 멈추는 브레이크는 반드시 있어야 합니다.

차는 분명히 잘 달려야 합니다. 차에게 잘 달리는 것은 너무나 중요합니다. 하지만 차가 잘 달리는 것보다 더 중요한 것은 잘 멈추는 것입니다. 아무리 잘 달리는 차라고 할지라도 멈추어야 할 때 멈추지 않으면 대형사고로 이어지는 것입니다.

2016년 7월 17일 영동고속도로에서 관광버스 기사가 시속 91km로 관광버스를 몰다가 졸음운전을 해서 승용차 5대를 잇달아 추돌했습니다. 이 사고로 20대 여성 4명이 숨지고, 37명이 다치는 등 총 41명의 사상자가 발생했습니다.

결국, 이 사고는 버스 기사가 제대로 멈추어 서지 않았기 때문에 발생한 대형사고였습니다. 이렇게 차가 멈추어야 할 때, 브레이크를 밟아야 할 때, 밟지 않으면 대형사고로 이어지는 것입니다.

포뮬러 원(Formula one) 자동차 경주대회가 있습니다. 포뮬러 원은 운전석 하나에 바퀴가 겉으로 드러난 오픈 휠 형식의 포뮬러 자동차 경주 중 가장 급이 높은 자동차 경주 대회입니다. 공식 명칭은 'FIA 포뮬러 원 월드 챔피언십'(FIA Formula One World Championship)이고 '그랑프리 레이싱'이라고도 합니다. 약자로 'F1'을 사용합니다.

포뮬러 원은 공식적으로 1950년부터 시작되었습니다. 자동차 경주 대회 중에서 가장 역사가 깁니다. 포뮬러 원의 중심지는 유럽입니다. 2010년에는 우리나라에서도 포뮬러 원 코리아 그랑프리가 개최되었습니다. 이 대회에 참석하는 자동차 한 대당 값은 보통 100억 정도 된다고 합니다.

자동차 값만 100억이라니 엄청나지 않습니까?

그런데 자동차 값은 광고비에 비하면 아무것도 아닙니다. 차에 들어가는 광고는 차의 부품별로 들어갑니다. 차가 그렇게 크지 않기 때문에 광고가 들어가는 부분들도 그렇게 넓지가 않습니다. 하지만 보통 부착된 광고비를 합하면 1611억이 된다고 합니다.

이런 엄청난 광고비를 주고 광고를 하는 이유는 그만큼 포뮬러 원이 사람들에게 인기가 있기 때문입니다. 포뮬러 원의 연중 관중 수는 연간 380만 명이고 150개국에 걸친 TV 시청자 수는 연간 23억 명으로 현존하는 스포츠 종목 중 가장 선전 효과가 큰 상업 스포츠이기 때문입니다.

그런데 다른 것은 다 문제가 없다고 생각을 하고 포뮬러 원 자동차 경기에서 가장 중요한 것이 무엇일까요?

바로 코너링입니다. 자동차 경기는 코너를 돌 때 누가 가장 빨리 도느냐에 승패가 달려 있다고 할 수 있습니다. 코너링을 잘하기 위해서 가장 중요한 것은 브레이크를 밟아야 할 때 제때 밟아 주는 것입니다. 포뮬러 원에 참석하는 자동차들은 시속 320km까지 낼 수 있다고 합니다. 그러므로 제때 브레이크를 밟지 않으면 제대로 코너링을 할 수가 없습니다.

🌳 인생은 코너링을 도는 것과 같습니다

인생도 마찬가지 아니겠습니까?

사람은 다 자신의 인생이 고속도로와 같은 쭉 뻗은 인생이기를 원하지만 실제로 그렇지가 못합니다. 모세는 이렇게 노래합니다.

우리의 연수가 칠십이요 강건하면 팔십이라도 그 연수의
자랑은 수고와 슬픔뿐이요 신속히 가니 우리가 날아가나
이다(시 90:10).

인생 가운데 수고와 슬픔이 많다는 것은 코너를 돌아야
하는 과정이 많다는 것입니다. 우리는 그 코너링을 잘하기
위해서 멈춤을 잘 해야 합니다. 코너링을 하면서, 브레이크
를 밟아야 할 때 액셀러레이터를 밟으면 사고가 날 수밖에
없습니다.

이삭은 멈추는 것을 잘했습니다

오늘 말씀에 보면 멈춤을 잘 하여서 하나님께서 큰 복을
받은 사람이 등장합니다. 바로 이삭입니다. 이삭은 가나안
땅 브엘라해로이 근처에서 살았는데 그 땅 가운데 흉년이
들었습니다. 이삭은 흉년이 든 땅에서 더 이상 살 수 없다고
생각해서 가족들과 식솔들을 데리고 애굽으로 내려갑니다.

이삭이 애굽으로 내려가는 길에 블레셋 땅 그랄 지역에
잠시 머물게 되는데 그때 하나님께서 나타나십니다. 하나님
께서는 이삭에게 애굽으로 내려가지 말고 그랄 땅에 머물
라고 하십니다. 그리하면 '내가 너와 함께 있어서 복을 주고

아브라함에게 약속했던 것을 그대로 다 이루어주겠다'(창 26:3)고 말씀하십니다. 한마디로 하나님께서는 이삭에게 브레이크를 밟고 멈추라고 요구하십니다.

이삭은 이 하나님의 말씀을 듣고 애굽으로 가던 길을 멈추고 그랄에 머물게 됩니다. 이삭에게 있어서 블레셋 그랄에 머물기는 쉽지 않은 결정이었습니다. 왜냐하면, 블레셋 사람들은 가나안 사람들보다 훨씬 호전적이었기 때문입니다.

블레셋 사람들에 대해 긴장할 수밖에 없었던 이삭은 어떻게 합니까?

이삭은 아버지 아브라함이 저질렀던 행동을 똑같이 합니다. 혹여라도 자신의 아내 리브가가 아름답기에 자기를 죽이고 아내를 블레셋 사람이 빼앗아 갈 것 같아 두려워서 리브가를 자신의 누이라고 속입니다. 그 아버지의 그 아들입니다.

하나님께서 그랄에 머물라고 했지만 여러 가지로 쉽지 않은 상황이었습니다. 그렇다고 하나님이 특별한 기한을 정해 주신 것도 아니었습니다. 그래서 이삭이 '그랄에 아주 오래 거주하였다'(창 26:8)라고 말씀하고 있습니다.

그러던 중 이삭이 그 아내 리브가를 껴안은 것을 블레셋 왕 아비멜렉이 목격하게 됩니다. 이것을 목격한 아비멜렉은 이삭을 불러다가 '왜 네 아내를 누이라고 속였느냐'고 추궁을 합니다. 이삭은 솔직히 죽을까 봐 그렇게 했다고 대답을 합니다.

그런데 의외로 아비멜렉은 이삭에게 어떤 벌을 내리는 것이 아니라 오히려 모든 백성에게 리브가를 범하는 자는 죽을 것이라는 명령을 내립니다. 여기서 하나님의 개입이 시작되었고 축복이 시작되었습니다. 이후 이삭은 그 땅에서 농사를 짓게 되는 데 백배나 얻었고, 하나님께서 복을 주시므로 창대하고 왕성하여 마침내 거부가 되었습니다.

블레셋이라는 이방 나라에서 이삭이라는 이방인이 농사를 지었는데 몇 배도 아니라 100배를 얻었습니다. 아무런 연고도 없는 땅에서 거부가 되었습니다. 도저히 상상할 수도 없는 복을 이삭은 누리고 있는 것입니다.

이삭은 비록 죽는 것이 두려워 자신의 아내를 누이라고 속였음에도 불구하고 어떻게 이런 복을 누리게 된 것입니까?

하나님께서 멈추라고 했을 때 멈추어 섰기 때문입니다.

하나님께 쓰임 받은 사람은 잘 멈추는 사람입니다

성경에서 하나님께 크게 쓰임 받은 사람들을 보면 잘 멈추는 사람들이었습니다. 바울은 소아시아 지역에 가서 복음을 전할 계획을 하였습니다. 하지만 환상 가운데 마게도냐 사람이 와서 자기들을 도우라는 모습을 보고, 하나님께서 원하시는 것은 마게도냐 선교라는 것을 깨닫고 소아시아로 가던 길을 멈추고 마게도냐로 향하게 됩니다.

다윗은 사울을 두 번씩이나 죽일 기회가 있었지만 하나님께서 기름 부은 사람을 감히 죽일 수 없다고 하며 멈추어 섰습니다. 이런 바울과 다윗을 하나님께서 귀하게 들어 사용하셨습니다.

내가 무엇을 시작하기 전에 하나님께서 무엇을 하라고 하시면 그래도 순종하기가 쉽습니다. 하지만 나의 경험과 내 생각으로 옳다고 여기는 길을 멈추어 서는 일은 결코 쉬운 일이 아닙니다. 쉽지 않지만, 하나님의 말씀대로 멈추어 설 때 우리가 생각지 못한 복을 누리게 됩니다. 그만큼 하나님께서 멈추어 서라고 할 때 멈추어 서는 것을 귀하게 보신다는 것입니다.

인생의 신호등을 잘 지켜야 합니다

큰 대로변에는 어디를 가나 신호등이 있습니다. 신호등이 있는 이유는 신호를 지키게 함으로 교통을 원활하게 만들고 사고를 방지하기 위함입니다. 신호등의 색깔에는 녹색, 황색, 빨간색이 있습니다. 녹색은 가라는 신호이고 빨간색은 멈추라는 신호입니다. 그리고 중간에 있는 황색은 예비신호입니다. 녹색 신호에서 빨간색 신호로 바뀌기 전에 황색 신호로 먼저 잠시 바뀝니다. 황색 신호가 들어와 있는 것은 이제 신호가 바뀌니까 준비하라는 것입니다.

그런데 신호등이 이렇게 있는데도, 신호등의 색깔대로 차량이 따르지 않으면 사고가 날 수밖에 없습니다. 하나님께서도 우리의 삶 가운데 신호등과 같이 싸인을 주십니다. 가야 할 때 녹색불을 켜주시고 멈추어야 할 때 빨간불을 켜주십니다. 준비하라고 하실 때도 황색 불을 켜주십니다.

중요한 것은 우리가 하나님께서 보여주시는 신호등의 색깔에 따라 잘 순종해야 한다는 것입니다. 하나님께서 분명히 멈추라고 하는 신호를 보내셨는데도 불구하고 계속 달리면 사고가 나게 마련입니다.

예수님께서는 가룟 유다에게 예수님을 팔려고 하는 계획을 멈추라고 싸인을 주셨습니다. 그럼에도 불구하고 가룟 유다는 멈추지 않았습니다. 그 결과 가룟 유다는 자살로 자신의 생을 마감하게 됩니다.

만일 이삭이 그랄에서 머물라고 하는 하나님의 말씀을 무시하고 애굽까지 내려갔다면 어떻게 되었을까요?

물론 하나님 마음이시겠지만 매우 많은 고생을 했을 것

입니다. 그 고생을 통해서 또한 멈추는 것이 얼마나 중요한지를 깨닫게 해 주셨을 것입니다.

우리가 하나님께 안 맞아도 될 매를 맞는 이유가 무엇입니까?

우리의 고집 때문입니다. 하나님께서 멈추라고 하면 멈추고 내려놓으라고 하면 내려놓아야 하는데 그렇게 하지 않기 때문에 하나님께 혼나고 정신을 차리는 것입니다.

멈추어 서야 할 부분

그러면 우리가 삶을 살아가면서 때로 멈추어야 할 부분이 어떤 부분이 있을까요?

첫째, 생각의 멈춤이 필요합니다.

생각을 많이 해야 생각이 더 깊어지고 넓어집니다. 하지만 때로 우리의 생각에도 멈춤이 필요합니다.

> 내게 주신 은혜로 말미암아 너희 각 사람에게 말하노니 마땅히 생각할 그 이상의 생각을 품지 말고 오직 하나님께서 각 사람에게 나누어 주신 믿음의 분량대로 지혜롭게 생각하라(롬 12:3).

저는 이 말씀을 이렇게 해석하고 싶습니다.

'성경에서 말씀하신 데까지만 생각하라.'

성경을 읽다 보면 성경에서 말씀하시지 않는 부분들까지도 생각의 꼬리를 물때가 있습니다. 그럴 때는 생각을 멈추어야 합니다. 영적 세계는 인간의 이성으로 다 이해할 수 있는 세계가 아닙니다. 성경에서 말씀하신 데까지만 생각하면 됩니다. 더 이상 꼬리를 물면 생각이 미궁에 빠질 수 있는 것입니다. 신앙생활 가운데 혼란이 올 수 있는 것입니다.

또한, 부정적인 생각을 멈추어야 합니다. 자살하는 사람이 여러 가지 이유에서 자살하겠지만 결국 부정적인 생각을 멈추지 않고 그 생각을 이어갔기 때문입니다. 부정적인 생각을 멈추지 않는 사람의 눈에는 모든 것이 부정적으로만 보입니다. 또한, 부정적인 것만을 찾아냅니다.

감사할 것도 너무 많은데 부정적인 생각 때문에 감사할 것은 보이지 않고 부정적인 것만 보입니다. 부정적인 것만 보니 그것이 전체라고 생각하는 것입니다. 그러므로 부정적인 생각, 잘못된 생각을 멈추어야 합니다.

둘째, 말의 멈춤이 필요합니다.

> 혀는 곧 불이요 불의의 세계라 혀는 우리 지체 중에서 온 몸을 더럽히고 삶의 수레바퀴를 불사르나니 그 사르는 것이 지옥 불에서 나느니라(약 3:6).

혀는 우리의 지체 중에 너무나 작은 지체이지만 혀는 불이라고 말씀합니다. 그만큼 말에는 힘이 있다는 것입니다. 말 한마디로 천 냥 빚을 갚을 수도 있고 말 한마디로 사람을 살릴 수도 있습니다. 『이기는 대화』라는 책에 보면 '말에도 명품이 있다'라고 이야기를 합니다.

한마디 말이 아무것도 아닌 것 같지만 상대에게 비수가 되어 깊은 상처를 줄 수도 있고 상대를 죽일 수도 있습니다. 그러므로 다른 사람을 험담하고 비판하는 말을 멈추어야 합니다. 예수님께서는 이렇게 말씀하셨습니다.

> 비판을 받지 아니하려거든 비판하지 말라 너희가 비판하는 그 비판으로 너희가 비판을 받을 것이요 너희가 헤아리는 그 헤아림으로 너희가 헤아림을 받을 것이니라(마 7:1-2).

중국의 주자는 또한 이런 말을 했습니다.

> 남의 험담을 하는 사람은 경망스러운 인간이고, 그와 더불어 맞장구를 치는 사람은 비겁한 인간이며, 이것을 엿듣고 전하는 사람은 간사한 인간이다.

그리스도인은 자신이 하고 싶은 말을 다 하고 사는 사람들이 아닙니다. 해야 할 말과 하지 말아야 할 말을 구분할 수 있어야 합니다. 부정적인 말과 남을 험담하고 비판하는 말은 멈추고 긍정적인 말, 칭찬의 말, 격려의 말, 위로의 말, 소망의 말을 해야 합니다.

베드로 사도는 만물의 마지막이 가까웠다고 하면서 "만일 누가 말하려면 하나님의 말씀을 하는 것 같이하라"(벧전 4:11)라고 말씀하고 있습니다. 그리스도인은 말을 할 때 하고 싶은 대로 하는 것이 아니라 하나님의 말씀을 하는 것 같이 해야 합니다.

셋째, 행동의 멈춤이 필요합니다.

하나님의 백성은 자신이 하고 싶은 대로 다 하고 사는 사람이 아닙니다. 절제된 행동이 필요합니다. 잘못된 행동을 멈추어야 합니다. 남에게 해가 되는 행동을 멈추어야 합니다. 반복해서 죄를 짓는 행동을 멈추어야 합니다.

하나님의 백성은 하나님께서 가라고 하실 때 잘 가야 합니다. 하지만 멈추라고 하실 때도 확실히 멈추어야 합니다. 하나님께서 멈추라는 빨간 불의 싸인을 주심에도 불구하고 멈추지 않으면 사고가 날 수밖에 없습니다. 하지만 하나님께서 멈추라고 할 때 잘 멈추면, 이삭이 받은 예기치 못한 복을 받게 되는 것입니다.

13.
수동태의 삶을 살아야 합니다
(행 2:1-4)

기독교 신앙은 능동태가 아니라 수동태입니다

영어 문법 중에 시험에 반드시 출제되는 문법이 있습니다. 바로 능동태와 수동태입니다. 능동태는 동작하는 쪽에 중점을 두는 것이라면 수동태는 동작을 받는 쪽에 중점을 두는 것입니다. 예를 들면 '나의 아버지가 그 집을 세웠다'라고 하면 이것은 능동태이고, '그 집은 나의 아버지에 의해 세워졌다' 하면 이것은 수동태입니다.

사람들은 누구나 능동태의 삶을 살고 싶어 합니다. 누구에게 간섭받기보다 자기 방식대로 인생을 살고 싶어 합니다. 많은 사람이 성공하기 위해서 자기가 주체가 되어 능동태의 삶을 살라고 말을 합니다. 시중에 나와 있는 자기 계발서를 보면 '자기를 사랑하라'고, '자기를 칭찬하라'고 합니다. '자기의 가능성을 인정하라'고도 말합니다.

한때 내적치유 열풍이 한국교회 가운데 분 적이 있습니다. 내적치유 이론의 뿌리가 무엇입니까?

자기 자신의 가치를 높여주면 해결된다는 것입니다.

"근심하지 말라, 열등감에 사로잡히지 말라, 나는 좋은 사람이야, 나는 능력 있는 사람이야, 나는 할 수 있다."

틀린 말이 아닙니다. 하지만 이런 것은 십자가를 경험한 이후에 할 수 있는 말입니다. 우리는 예수를 알기 전에는 죄 덩어리였습니다. 로마서를 통해서 바울은 '세상에 의인은 하나도 없다'라고 말씀했습니다. 모든 사람이 죄를 범해서 하나님의 영광에 이르지 못했다고 했습니다. 곧 인간은 전적으로 타락했고 인간에게는 가능성이 없다는 것입니다. '주님 마음 내게 주소서'라는 복음 찬송의 첫 가사가 이렇습니다.

보소서 주님 나의 마음을
선한 것 하나 없습니다.

이 가사처럼 우리 안에서 선한 것이 하나도 없습니다. 제가 목사이지만 제 속에 있는 것들, 더럽고 추한 것들을 전부 끄집어낸다면 역겨워서 못 봐주실 것입니다.

기독교의 신앙은 여기서부터 출발하는 것입니다.

'나는 죄인입니다. 나는 아무것도 할 수 없는 존재입니다.'

그래서 기독교 신앙은 능동태가 아니라 수동태입니다. 주어가 하나님이 되시고 나는 하나님의 도움이 없이는 살 수 없는 존재임을 아는 것입니다.

수술을 앞둔 환자에게 필요한 것은 은혜입니다

국민일보 이태형 기자가 수술을 받으면서 느꼈던 것을 글로 썼는데, 인생이 능동태가 아니라 수동태라는 것을 잘 표현해 주고 있습니다.

> 서울삼성병원 병실에 병원 도우미가 찾아와 나를 불렀다. 수술실로 인도할 도우미였다. '가실 때가 됐다'는 말이 참으로 의미심장하게 다가왔다. 오전 7시 수술을 앞두고 마취실에 나를 포함한 20여 명의 환자가 모였다. 이동 침대 위에 누워 있던 20여 명의 환자는 인생의 축소판일 것이다. 거기에는 부자도 있었을 테고 거렁뱅이도 있었을 것이다.

명예가 있는 사람도, 일자무식의 촌로들도 있었을 터이다. 일생을 착하게 산 사람은 물론 악당도 있었을지 모른다. 힘으로 세상을 살았던 사람들, 일생을 피해만 봤던 사람들도 있었을 것이다. 목사도 있었을 테고, 수녀도 있었을지 모른다.

그러나 과거 어떤 삶을 살았건 상관없었다. 그날 그 시간 그 자리에 모인 사람들에게는 공통점이 있었다. 입장의 동일함이 있었다. 그것은 그들 모두가 자신들의 힘으로는 아무것도 할 수 없는 존재라는 사실이었다. 그 20여 명 가운데 나도 있었다.

어느덧 46세의 중년이다. 3년 전 이란 지진 지대 취재를 갔다 온 뒤 안면근육경련으로 고통을 겪다 수술을 결심했다. 누구나처럼 치열하게 살았던 지난날이었다. 기자로서 역사의 현장에 있었고 교회 현장에서 눈물도 흘렸다. 성공도 있었고 좌절도 있었다. 한없이 선했던 시절도, 죄악의 나락에 빠진 적도 있었다. 그러나 그것들은 적어도 그 자리에서는 아무것도 아니었다.

그 자리에서 나는 마취를 기다리는, 수술을 앞둔 한 연약한 환자였을 뿐이다. 그 자리에 모였던 환자들의 과거 경력은 아무런 의미가 없었다. 그들이 이룩했던 업적도 필요 없었다. 그날 그들에게 필요했던 것은 은혜였다. 긍휼이었다. 절대자의 손길이었다. 수술대 위에서 새삼 깨달았다.

삶은 노력과 능력과 힘으로 사는 것이 아니라 은혜로 살아지는 것이라는 사실을, 아무것도 할 수 없는 그 시간에 선한 사람이건 악인이건 절대자의 은혜를 갈구했을 것이다. 내 의지로 수술을 잘 받을 수 없었다. 의사에게 철저하게 의지할 수밖에 없었다. 인생은 능동태가 아니라 수동태라는 사실을 깨닫는 시간이었다.

이태형 기자는 수술을 받으면서 자신의 인생이 능동태가 아니라 수동태 인생이라는 것을 정확하게 깨달았습니다.

오순절 성령강림은 너무나 엄청난 사건입니다

오순절 마가의 다락방에 성령이 강림한 것은 엄청난 사건이었습니다. 그 이유는 하나님께서는 성령강림을 통해서 그리스도인이 능동태 인생이 아니라 수동태 인생을 살아야 한다는 것을 확실하게 보여주셨기 때문입니다. 예수님께서 종교지도자들에게 붙잡혀 십자가에서 힘없이 죽으신 것을 목격한 제자들은, 낙심하고 좌절하여 모두 뿔뿔이 흩어졌습니다.

그런데 예수님께서 사망 권세를 이기시고 사흘 만에 부활하셨습니다. 부활하신 예수님께서는 40일 동안 이 땅 가운데 계시면서 제자들을 직접 찾아가 만나주셨고, 그들을 다시 예루살렘으로 불러 모아 하나님 나라의 일을 말씀하셨습니다.

그리고 승천하시기 전 그들에게 예루살렘을 떠나지 말고 아버지께서 약속하신 것을 기다리라고 하시면서 요한은 물로 세례를 베풀었지만, 너희들은 몇 날이 못 되어 성령으로 세례를 받을 것이라고 말씀하셨습니다.

예수님께서는 성령의 오심이 너무나 중요하였기 때문에 승천하실 때뿐만 아니라 공생애 가운데도 끊임없이 성령에 대해 말씀을 하셨습니다. 특별히 주님께서는 십자가에서 죽으실 것을 말씀하신 후에 자기를 대신해서 보혜사 성령이 오실 것을 말씀하셨습니다.

예수님께서 승천하신 이후 예수님의 열두 제자를 포함하여 120명의 성도는 마가의 다락방에 함께 모여 예수님의 말씀을 믿고 성령을 사모하며 간절히 힘을 다하여 기도하였습니다. 드디어 오순절 날이 이르렀을 때 성령께서 그들 가운데 충만하게 임하셨습니다.

물론 구약 시대에도 성령께서는 역사했습니다. 하나님께서 천지를 창조하실 때도 성령은 수면 위를 운행하였습니다.

또한, 성령께서는 족장과 선지자들에게 임하셔서 그들을 부르시고 인도하였습니다. 구약 시대에 역사하신 성령은 그 사역의 필요에 따라 특별한 사람들, 이를테면 왕이나 선지자나 제사장들에게 일시적으로 임했습니다.

하지만 오순절 성령강림 이후 성령은 우리와 영원토록 함께 하십니다. 예수님께서는 제자들에게 이렇게 말씀하셨습니다.

> 내가 아버지께 구하겠으니, 그가 또 다른 보혜사를 너희에게 주사 영원토록 너희와 함께 있게 하시리니(요 14:16).

오순절 성령강림으로 말미암아 성령께서 영원히 함께 머물러 계신다는 것은, 구약의 사람들은 상상을 못 했던 일입니다.

성령 충만하면 수동태의 삶을 살게 됩니다

그런데 마가의 다락방에서 성령 충만을 경험한 제자들이 어떻게 바뀌었습니까?

베드로를 생각해 보십시오. 베드로는 자신의 힘으로 예수님을 지키려고 칼을 빼 들었지만, 예수님을 지킬 수 없었습니다. 살기 위해 예수님을 3번이나 부인했습니다. 예수님이 돌아가시는 그 십자가의 현장 가운데에서도 예수님처럼 죽을까 봐 함께 하지 못했습니다. 베드로는 부활하신 예수님을 만나고도 고기 잡으러 간 사람입니다.

하지만 베드로가 오순절 날 마가의 다락방에서 성령의 충만을 받고서는 담대하게 예수님을 전하였습니다. 공회 앞에 끌려가서 예수님을 전하지 않으면 살려주겠다고 하는데도 '내가 사람을 좋게 하랴 하나님을 좋게 하랴'라고 하면서 오히려 큰소리치면서 복음 전하는 것을 멈출 수 없다고 말합니다. 예전의 베드로가 아니었습니다.

베드로의 삶이 이렇게 바뀔 수 있는 이유가 어디에 있습니까?

바로 베드로가 성령의 충만을 받았기 때문입니다. 성령 충만을 받은 베드로는 자신의 힘으로 무엇을 하려고 한 것이 아니라 성령께서 주신 담대함과 능력으로 복음을 전하는 것입니다.

바울도 마찬가지 아닙니까?

예수 믿는 사람을 핍박하고 죽이던 바울이 생명을 내어놓고 복음을 전하는 복음 전도자가 된 것은 성령의 인도를 받는 수동태의 삶을 살았기 때문입니다.

그릇의 가치는 무엇을 담느냐에 있습니다

성경은 인간을 '그릇'으로 표현합니다. 사도행전 9장 15절에 보면 주님께서는 '바울을 택한 나의 그릇이라'고 표현합니다. 로마서 9장에서는 '하나님은 토기장이요 우리는 그릇이라'고 말씀합니다. 그리고 고린도후서 4장에서는 이렇게 말씀합니다.

> 우리가 이 보배를 질그릇에 가졌으니 이는 심히 큰 능력은 하나님께 있고 우리에게 있지 아니함을 알게 하려 함이라(고후 4:7).

그릇의 기능성은 자기가 어떤 활동을 하는 데 있는 것이 아니라 무엇을 담아낼 수 있는 '수용성'에 있습니다. 받아들인다는 것은 인간이 가질 수 있는 가장 아름다운 기능입니다. 그릇이 변화되어 보배가 되는 것은 아닙니다. 그냥 보배를 담는 그릇일 뿐입니다. 하지만 그 그릇은 이제 그냥 그릇이 아니라 보배를 담은 그릇이 되는 것입니다. 그 그릇이 소중한 것은 그 그릇이 보배를 담았기 때문입니다.

베드로와 바울이 보배가 된 것이 아닙니다. 그들은 여전히 질그릇에 불과한 존재입니다. 하지만 그들은 그 질그릇에서 자신을 비워내고 보배 되신 예수 그리스도를 담은 것입니다. 그릇 속에서 자신의 열심과 욕심을 드러내고 성령을 담은 것입니다. 곧 자신이 주인인 능동태의 삶을 사는 것이 아니라 주님이 주인 되는, 성령님이 주인 되시는 수동태의 삶을 산 것입니다.

우리도 마찬가지입니다. 보배 되신 예수 그리스도를 담은 질그릇이 되었다면 그분을 온전히 주인 삼고 그분의 인도하심을 받아야 합니다.

수동태의 삶을 살아야 하는 이유

그런데 왜 능동태의 삶이 아니라 수동태의 삶을 살아야 합니까?

한마디로 그렇게 사는 것이 가장 인생을 쉽게 사는 방법이기 때문입니다.

자신의 힘만으로 인생을 살아가는 것이 쉬우십니까?

내가 가지고 있는 지식과 경험과 돈으로 인생을 잘 살아갈 자신이 있으십니까?

그것들을 가지고 앞으로 닥쳐올 인생의 문제들을 다 해결할 수 있을 것 같으십니까?

2015년 네팔에서 일어난 두 번의 강진으로 죽은 인원이 9천 명 가까이 된다고 합니다. 인간이 아무리 과학과 문명을 발달시켜도 자연의 힘 앞에서는 무용지물입니다.

인간은 스스로 무엇인가를 하려고 하면 늘 한계에 부딪칠 수밖에 없습니다. 죄성을 가지고 있는 인간은 늘 죄 가운데 빠지고 넘어질 수밖에 없습니다. 하지만 내가 무엇인가를 하는 것이 아니라 나의 인생의 주인 되시는 주님께서 말씀하신 대로 살면 우리는 인생을 쉽게 살 수 있습니다. 성령님의 인도하심대로 살면 쉽게 살 수 있습니다.

제가 쉽게 인생을 산다는 말은 고난과 어려움이 없는 인생을 산다는 것이 아닙니다. 바른 방향을 향해 나아가는 인생을 살 수 있다는 것입니다. 문제를 끌어안고 사는 인생이 아니라 정답을 알고 인생을 살아갈 수 있다는 것입니다.

수용성이 믿음입니다

기독교 신앙은 하나님이 우리에게 베풀어주신 '모든 것'에 대한 '반응'(reaction)이라고 정의할 수 있습니다. 곧 신앙인들은 하나님께서 베풀어주신 은혜를 대하며 그냥 '수동적으로' 잘 반응해야 한다는 뜻입니다. 그래서 수용성이 믿음입니다.

> 영접하는 자 그 이름을 믿는 자들에게는 하나님의 자녀가 되는 권세를 주셨으니(요 1:12).

이 말씀은 믿음의 동의어가 '영접' 곧 '수용성'이라고 설명합니다.

광야의 놋뱀 사건을 보십시오.

하나님께서는 모세에게 불뱀에 물린 사람들은 장대에 높이 달린 놋뱀만 바라보면 살 것이라고 말씀해 주셨습니다. 무슨 대단한 일을 하라는 것이 아니었습니다. 단순히 바라보는 것입니다. 바라보는 것이 믿음입니다.

하나님의 말씀을 그대로 수용하는 것이 믿음입니다. 예수님은 자신을 '목자'라고 하셨고 우리를 '양'이라고 말씀하셨습니다. 양은 생각이 없습니다. 목자가 가라고 하면 가고, 서라면 서고, 목자가 먹으라고 하면 먹습니다. 양이 하는 일이란 그저 목자의 음성을 듣고 따르는 것뿐입니다.

단순한 사람의 신앙이 빠르게 성장합니다

신앙의 성장이 빠른 사람들을 보면 특징이 있습니다. 복잡하지 않다는 것입니다. 단순합니다. 그날그날의 말씀을 그대로 순종하려고 애쓰니까 성장이 빠른 것입니다.

정서불안을 앓고 있는 한 환자가 있었습니다. 이 환자는 정서불안으로 앉기만 하면 항상 종이를 찢었습니다. 이 문제를 해결하려고 여러 병원을 돌아다녔습니다. 어떤 병원에 갔더니 의사는 과거의 상처를 중심으로 질문했습니다.

"혹시 어렸을 때, 종이 뭉치로 뒤통수 맞은 적이 있나요?"

"없는데요."

또 다른 병원에 갔습니다. 그 의사는 환경적인 요인이 문제인지 알아보려고 애를 썼습니다.

"혹시 어렸을 때, 종이 공장 근처에 살지 않았나요?"

"아니요."

이렇게 여러 정신병원을 찾았다가 마지막으로 한 정신병원에 갔습니다. 의사가 물었습니다.

"왜 오셨나요?"

"저는 앉기만 하면 종이를 찢습니다."

의사가 말했습니다.

"종이 찢지 마."

그다음부터 그는 절대로 종이를 찢지 않았다고 합니다. 이것은 의학저널에 실린 실제로 있었던 사건입니다. 문제의 해결은 복잡한 데 있지 않습니다. 단순하게 말하고, 단순하게 받아들이는 수용성이 문제 해결의 열쇠입니다. 수동태의 삶을 사는 것이 해결의 열쇠입니다.

수동태의 삶은 맡기는 것입니다

돛단배가 어떤 힘으로 앞으로 가는 것입니까?

연이 어떤 힘으로 하늘을 올라갈 수 있습니까?

바람의 힘입니다. 바람이 불지 않으면 움직일 수가 없습니다. 바람의 힘으로 앞으로 나가고 힘차게 창공을 날아 올라갑니다. 자체의 동력은 없지만 바람에 의지해서 그런 힘을 발휘합니다. 바람에 의해서 돌아가는 풍차도 마찬가지입니다. 바람의 힘으로 엄청난 동력을 일으킵니다. 이것들은 바람에게 자신을 맡길 줄을 압니다. 바람이 자신을 향해서 다가올 때 거부하지 않고 자신을 온전히 맡깁니다.

이것들이 바람을 거부한다면 어떻게 되겠습니까?

아무것에도 쓸모가 없어질 것입니다. 전기를 생각해 보십시오. 보이지 않지만 강력한 힘이 있다는 것을 우리는 잘 알고 있습니다. 거대한 기계와 설비들이 전기의 힘으로 작동합니다. 아무리 좋은 명품 전자제품이 있다 할지라도 전기와 연결이 되지 않으면 제 기능을 하지 못합니다. 전원을 꺼버리면 그림의 떡에 불과합니다.

사람에게 있어서 성령도 이와 같습니다. 사람은 성령의 인도함을 받아야 합니다. 성령의 인도함을 받는 수동태 인생을 살 때 우리 인생은 전진할 수 있고 창공을 날아오를 수 있습니다. 내가 상상하지 못한 엄청난 능력이 나타나는 것입니다.

수동태의 삶은 성령이 주체가 되는 삶입니다

> 그들이 다 성령의 충만함을 받고 성령이 말하게 하심을 따라 다른 언어들로 말하기를 시작하니라(행 2:4).

오순절 마가의 다락방 가운데 있던 성도들은 성령의 충만함을 받았습니다.

성령의 충만함을 받으니 성령이 말하게 하심을 따라 무엇을 하기 시작했습니까?

다른 언어들로 말하기를 시작했습니다. 오순절 마가의 다락방에 있던 성도들이 방언하고 싶어서 한 것이 아닙니다. 성령이 충만히 임해서 성령께서 말하게 하시므로 방언하게 된 것입니다. 자신이 주체가 아닙니다. 성령이 주체입니다.

> 오직 성령이 너희에게 임하시면 너희가 권능을 받고 예루살렘과 온 유대와 사마리아와 땅끝까지 이르러 내 증인이 되리라(행 1:8).

예수님은 너희 힘으로 복음의 증인이 되라고 말씀하지 않습니다. 예수님의 증인 되는 것도 내가 주체가 아니라 성령이 주체이십니다.

예수님께서는 이 땅 가운데 오셔서 사역하시고 십자가에 달려 돌아가시기까지 모든 공생애의 과정을 다 아버지의 뜻에 따라 사셨습니다. 한마디로 수동태의 삶을 사신 것입니다. 예수님께서는 하나님의 인도함을 받았고 항상 그분의 뜻을 찾고 구했습니다. 아버지의 뜻이라면 죽음의 길이라 할지라도 마다하지 않고 순종했습니다. 예수님은 수동태의 인생을 사신 가장 본이 되는 분이십니다.

수동태의 삶을 사는 방법

그러면 능동태가 아닌 수동태의 삶을 사는 방법이 무엇일까요?

첫째, 성령 충만을 받아야 합니다.

마가 다락방의 120명의 성도처럼 성령 충만을 받아야 합니다. 성령은 이미 우리가 예수 그리스도를 영접하는 순간 우리 속에 들어와 계십니다. 그런데 성령을 받는 것과 성령 충만은 차이가 있습니다. 성령을 받았다고 해서 성령 충만한 것은 아닙니다.

성령 충만은 성령이 나를 지배하는 것입니다. 우리는 인격적인 성령님께서 나를 완전히 지배하시도록 기도해야 합니다. 성령께서 이끄시는 삶을 살게 해달라고 기도해야 합니다. 성령은 하나님의 영이시기 때문에 하나님의 깊은 것까지도 통찰하시고 우리의 삶을 이끄십니다. 우리는 성령이 이끄시는 대로 그냥 살아가면 됩니다. 이런 측면에서 우리의 기도 가운데 빠지지 말아야 할 기도 제목이 바로 성령 충만입니다.

둘째, 단순히 순종해야 합니다.

하나님께서 말씀하시는 대로 순종하는 것이 수동태의 삶을 사는 것입니다. 하나님께서 인간의 이성으로 이해가 되지 않는 것을 하라고 하실 때가 있습니다. 손해 보는 일을 하라고 하실 때도 있습니다. 하지만 주님께서 말씀하셨다면 단순히 '예'하고 그냥 순종해 보십시오. 순종하면 하나님이 결국 책임지십니다.

> 주의 말씀은 내 발에 등이요 내 길에 빛이니이다
> (시 119:105).

등불로는 10m 앞을 볼 수 없습니다. 다만 1-2m 앞만 보일 뿐입니다. 그러나 10m 앞의 어둠을 두려워하지 않습니다. 왜 그렇습니까?

내가 1m 전진하면 등불도 1m 전진하고 내가 2m 전진하면 등불도 2m 전진하기 때문입니다. 순간순간의 순종이 우리의 삶을 전진하게 만드는 것입니다. 말씀이 선포되면 그냥 순종해 보십시오. 그러면 그 말씀이 이끄는 삶, 말씀대로 되는 삶을 살아가게 될 것입니다.

미국에서 목회하시는 김숭이라는 목사님이 『수동태 인생을 살다』라는 책을 썼습니다. 목사님은 그 책에서 '능동적 수동성'이라는 말을 사용하셨습니다. 이 말은 하나님 앞에서 우리가 능동적으로 살기 위해서는 하나님께 철저히 수동적으로 되어야 한다는 것입니다. 달리 말하자면, 하나님 앞에서 전적으로 순종할 때 내 인생을 가장 적극적으로 멋있게 살아 낼 수 있다는 뜻입니다.

결국, 우리가 주님이 주인 되는 수동태의 삶을 살 때, 성령님이 이끄시는 수동태의 삶을 살 때 하나님 안에서 인생을 능동적으로 살게 된다는 것입니다. 하나님께서 베푸시는 은혜를 다 받아보신 경험이 있으실 것입니다.

은혜를 받으면 어떻게 됩니까?

더 열심히 살게 되지 않습니까?

삶의 활력이 솟아나지 않습니까?

우리가 하나님의 은혜를 받으면 주님 안에서 살지 말라고 해도 능동적인 삶을 살게 됩니다. 수동태의 삶은 결국 능동태의 삶으로 이어지게 되는 것입니다.

14.
은혜의 끈에 묶여 끌려가는 것이 축복입니다
(창 42:26-38)

생명의 줄을 끊어서는 안 됩니다

2017년 6월 8일 경남 양산시 덕계동의 15층 높이 아파트에서 입주민 A씨(41)가 시끄럽다는 이유로 아파트 외벽에 매달려 도색작업 중이던 인부의 줄을 끊어 버려서 추락사한 사건이 있었습니다.

추락사한 분에게는 생후 27개월에서 고등학교 2학년까지 4명의 딸과 1명의 아들이 있는 것으로 밝혀져서 사람들의 마음을 더욱 안타깝게 했습니다. 이분은 쉬는 날도 없이 열심히 일했지만, 부인을 비롯한 5명의 아이와 함께 살아야 했기 때문에 살림은 늘 빠듯했다고 합니다. 입주민 A씨는 홧김에 줄을 끊어 버렸지만, 그 줄은 한 사람의 생명줄이 아니라 7명의 생명줄이었습니다.

이와는 반대되는 이야기가 있습니다. 심각한 병에 걸린 두 사람이 같은 병실에 입원했습니다. 한 환자는 창가 옆의 침대에 자리를 배정받았습니다. 그는 오후 한 시간 정도 폐에 있는 분비물을 제거하기 위해 침대에서 앉을 수 있도록 허락되었습니다. 그러나 안쪽에 있는 또 다른 환자는 온종일 침대에 누워 있어야만 했습니다.

그들은 서로의 삶을 나누며 말동무가 되었습니다. 그 후 매일 오후만 되면 창가 침대에 있는 환자는 앉아서 창문 너머 보이는 바깥 풍경들을 누워 있는 환자에게 들려주었습니다. 안쪽 침대에 있는 환자는 바깥 세계의 생동감과 빛깔 등을 활기차고 생기 있는 마음으로 듣기 시작했습니다.

"창문 너머로는 공원과 아름다운 호수가 보입니다. 오리와 백조가 물 위에서 놀고 있고 아이들은 보트를 타고 놀고 있습니다. 젊은 연인들은 꽃 사이를 팔짱을 끼고 거닐며, 멀리 아름다운 도시 풍경이 펼쳐져 있습니다."

창가에 있는 환자는 창밖의 풍경을 자세히 설명했고, 안쪽 환자는 지그시 두 눈을 감고 아름다운 풍경을 연상했습니다. 그는 바깥을 볼 수 없었지만, 바깥의 풍경에 관해 이야기를 들을 때마다 행복했고 빨리 나아서 바깥 거리를 걷고 싶다고 소망하게 되었습니다. 그러던 어느 날 아침 간호사가 병실에 도착해 보니 창가 환자는 잠이 든 듯 평화로운 얼굴로 숨을 거두었습니다.

그 후 안쪽 환자는 간호사에게 창가로 자리를 옮겨 달라고 부탁했습니다. 그는 처음으로 바깥세상을 보기 위해 어렵고도 힘들게 일어났습니다. 그리고 마침내 바깥세상을 보았습니다. 그러나 그의 눈앞에는 막힌 벽뿐이었습니다. 그는 간호사에게 사망한 환자가 설명해 주던 아름다운 바깥세상과 왜 다르냐고 물었습니다. 간호사는 깜짝 놀라며 이렇게 말했습니다.

"어머, 그 환자분은 앞이 보이지 않는 시각장애인이었어요."

창문 쪽에 있는 환자는 비록 앞을 볼 수 없었지만, 옆에 있는 환자가 마지막까지 희망을 잃지 않고 생명의 끈을 놓지 않도록 보이지도 않는 바깥 풍경을 상상해서 들려주었던 것입니다.

 예수 그리스도와 연결되어 있어야 합니다

사람들은 무엇인가에 묶여서 살아가는 것을 원하지 않습니다. 묶인다는 것을 구속으로 생각하기 때문입니다. 하지만 사람들은 보이지 않는 끈으로 다 엮여 있습니다. 그 끈이 때로는 생명의 끈이 되기도 하고 죽음의 끈이 되기도 합니다.

히말라야와 같은 험한 산을 등반하는 사람들은 사람과 사람을 밧줄로 연결합니다. 한 사람이 혹시 발을 헛디뎌서 추락하더라도 밧줄로 연결되어 있으므로 구조해 낼 수 있습니다. 하지만 반대의 경우도 발생할 수 있습니다. 밧줄로 연결되어 있으므로 다 같이 죽을 수도 있는 것입니다. 이때는 밧줄이 생명줄이 아니라 죽음의 줄이 되는 것입니다.

밧줄을 어디에 연결하느냐는 너무나 중요한 문제입니다. 인생의 밧줄을 이 세상의 썩어 없어질 것에 연결하면 그것과 함께 인생은 추락하고 말 것입니다. 하지만 영원히 썩어 없어지지 않을 것에 연결하면 밧줄이 생명줄이 되어 나를 살리는 것입니다. 그러므로 우리는 영원한 생명 되시는 예수 그리스도와 밧줄로 연결이 되어야 합니다.

문제가 은혜의 끈이 될 수 있습니다

대부분 사람은 삶에 아무런 문제가 없기를 바랍니다.

문제가 생기면 어떻습니까?

솔직히 힘이 듭니다. 힘이 들기 때문에 사람들은 문제없이 편안하게 살기를 원합니다. 그런데 역설적이게도 그 문제가 오히려 예수 그리스도와 연결되는 은혜의 끈이 된다는 것입니다. 큰 문제 없이 일이 잘 되는 것은 분명히 하나님께서 주신 복입니다.

하지만 오히려 그 복 때문에 하나님과의 거리가 멀어지는 사람이 있습니다. 그 복이 해(害)가 되는 경우가 있습니다. 일이 잘 되지 않을 때는 신앙생활도 열심히 하고 맡은 바 직분도 잘 감당했습니다. 봉사도 열심히 했습니다. 그런데 일이 잘 되기 시작하니까, 예배도 빠지고 신앙생활도 등한시합니다.

한국 교회도 보십시오.

힘들고 어려운 시절 얼마나 많은 사람이 교회에 모이기를 힘쓰고 기도했습니까?

은혜의 끈을 놓치지 않으려고 애를 썼습니다. 그런데 경제적으로 풍요로워지고 교회가 풍요로워지자 하나님을 향한 열정도 사라지고 그 속에 오히려 탐욕이 들어가 교회가 어려움을 당하고 있습니다. 다 그런 것은 아니지만 오히려 잘 되는 것이 해가 된 것을 한국 교회 현실을 통해 알 수 있습니다.

이에 반해 당장 해결되지 않은 문제를 가지고, 때론 평생에 해결되지 않는 문제를 가지고 하나님께 나아가는 사람이 있습니다. 분명히 그 문제를 안고 살아가는 것 자체가 힘든 것이 사실입니다.

하지만 그 문제가 은혜의 끈이 될 수 있다는 것입니다. 그 문제 때문에 하나님께 더 엎드립니다. 하나님께 더 가까이 갑니다. 하나님께 더 가까이 가다 보니 비록 문제는 여전히 존재하지만, 믿음이 성장하고 성숙하는 것입니다. 세상이 줄 수 없는 평안과 위로가 그 속에 넘치는 것입니다. 문제가 오히려 예수님과 연결되는 은혜의 끈이 된다면 그것은 복입니다.

바울에게 육체의 가시는 은혜의 끈이었습니다

바울에게는 육체의 가시가 있었습니다. 육체의 가시가 구체적으로 무엇인지에 대해 성경에 나오지 않지만 분명한 것은 바울이 육체의 가시 때문에 굉장히 힘들어했다는 것입니다. 육체의 가시를 좋아할 사람은 없습니다. 오히려 육체의 가시 때문에 복음을 전하는 데 방해가 되기도 했습니다. 그래서 바울은 육체의 가시를 제거해 달라고 하나님께 간절히 3번을 기도했습니다.

우리가 생각할 때 다른 사람의 기도는 안 들어주셔도 바울의 기도는 들어주셔야 하는 것 아닙니까?

바울이 자기 유익을 위해서 살아가는 사람입니까?

하나님의 복음을 위해 목숨까지 내어놓은 사람인데 그 복음 전하는 데 방해가 되니까 좀 제거해 달라는 것 아니겠습니까?

하지만 하나님께서는 바울의 기도에 'NO'라고 대답을 하시면서 '네 은혜가 네게 족하다'고 하셨습니다. 바울은 그제서야 육체의 가시가 하나님께서 자신이 너무 교만하지 않기 위해 남겨두신 은혜의 끈이라는 것을 깨달았습니다. 이후에 바울은 자신의 약함이 하나님의 강함이라고 하면서 자신의 약함을 자랑하였습니다.

하나님의 백성 가운데 하나님께서 남겨두신 은혜의 끈이 없는 사람은 없을 것입니다. 하지만 그것을 은혜의 끈인 줄 알고 그것을 통하여 하나님께 끌려가는 인생은 복된 인생이지만, 그것이 은혜의 끈인지를 모르는 사람은 불평하고 원망할 수밖에 없습니다.

요셉은 형들을 은혜의 끈으로 묶었습니다

요셉은 하나님의 은혜로 애굽 총리까지 됩니다. 요셉이 총리의 자리에 오르게 되었을 때, 하나님께서 바로가 꾼 꿈대로 7년 풍년과 7년 흉년이 시작되게 하셨습니다. 흉년은 애굽 땅뿐만이 아니라 가나안 땅을 비롯한 그 주변 지역에 계속되었습니다. 가나안 땅에 살고 있는 야곱은 애굽에는 곡식이 있다는 소식을 듣고 애굽에 가서 곡식을 구해오라고 아들들을 보냅니다.

요셉의 형들은 곡식을 구하기 위해 애굽으로 가서 요셉에게 엎드려 절합니다. 요셉은 그들이 형들임을 알고도 모른척합니다. 오히려 요셉은 형들을 몰래 잠입한 정탐꾼으로 누명을 씌웁니다. 형들은 자신들이 정탐꾼이 아니라고 하면서 자신들의 가족사를 이야기합니다. 요셉은 형들의 이야기를 듣고 너희가 정탐꾼이 아니라는 것을 증명하기 위해서는 가나안 땅으로 돌아가서 막내 아우를 데리고 오라고 말합니다.

요셉은 형들을 3일 동안 감옥에 가두고 난 후, 시므온을 인질로 잡아 두고 나머지 형제들은 양식을 가지고 가나안 땅으로 돌아가게 합니다. 그런데 가나안 땅으로 가는 도중에 여관에서 형제 중의 하나가 나귀에게 먹이를 주려고 자루를 풀어보니까 곡식 값으로 지불한 돈이 그대로 들어 있는 것을 알게 되었습니다.

자루 속에 돈이 그대로 있는 것을 확인한 요셉의 형들은 머리가 하얗게 되고 공포감이 확 몰려왔습니다. 안 그래도 정탐꾼으로 몰려서 어려운 상황 가운데 놓여 있는데 곡식 값으로 준 돈이 그대로 자루 안에 있으니 공포에 떨 수밖에 없었습니다.

요셉의 형들은 가나안 땅에 돌아와서 아버지 야곱에게 애굽 땅에서 있었던 이야기를 하였습니다.

이야기를 다 들은 야곱이 얼마나 기가 막혔겠습니까?

야곱이 너무나 어이가 없고 기가 막혀서 아들들에게 이렇게 말을 합니다.

> 그들의 아버지 야곱이 그들에게 이르되 너희가 나에게 내 자식들을 잃게 하도다 요셉도 없어졌고 시므온도 없어졌 거늘 베냐민을 또 빼앗아 가고자 하니 이는 다 나를 해롭 게 함이로다(창 42:36).

지금 이 말씀을 보면 야곱으로서도 요셉의 형들로서도 너무나 당황스럽고 고통스러운 상황입니다. 요셉의 형들은 정탐꾼이 아닌데 정탐꾼으로 내몰렸습니다. 그것을 증명하기 위해서 시므온을 인질로 남겨두고 온 것도 마음 아픈 일이었습니다. 그렇다고 막내 베냐민을 데리고 간다는 것도 쉽지 않은 일이었습니다. 요셉의 형들은 요셉을 잃어버린 아버지 야곱이 베냐민을 데리고 가는 것을 허락하지 않을 것을 알고 있었기 때문입니다.

야곱은 실제로 맏이 르우벤이 애굽에서 베냐민을 다시 데리고 오지 않으면 자신의 두 아들을 죽이라고 말을 하는데도 함께 보낼 수 없다고 말을 합니다.

은혜의 끈에 묶여 끌려가는 것이 축복입니다

그런데 이 상황을 요셉의 입장에서 생각하면 어떻습니까?

요셉의 입장에서 보면 시므온을 인질로 잡아 두는 것도, 베냐민을 데리고 오라고 하는 것도 은혜의 끈으로 묶어두는 것입니다.

만일 시므온을 인질로 잡아 두지 않고 그냥 막내 동생을 데리고 오라고 했으면 요셉의 형들이 그렇게 했겠습니까?

야곱과 형들의 입장에서 굉장히 고통스러웠겠지만, 요셉은 흉년 가운데 있는 온 가족들을 구원하고 형들의 변화를 위해서 시므온과 베냐민을 은혜의 끈으로 묶어 놓은 것입니다. 결국, 야곱도 양식이 떨어지고 먹을 것이 없으니까 베냐민을 애굽 땅으로 보내게 됩니다. 은혜의 끈으로 묶어 놓으니 어쩔 수 없이 그 끈 때문에 끌려오는 것입니다. 이것이 바로 축복입니다.

이 은혜의 끈으로 말미암아 결국 야곱의 모든 가족은 애굽에서 정착합니다. 형들도 자신들의 잘못을 뉘우치고 요셉과 화해합니다. 끈에 묶여 끌려가는 것이 무조건 나쁜 것이 아닙니다. 예수님께 은혜의 끈에 묶여서 끌려간다면 그것은 고통이 아니라 행복인 것입니다. 축복입니다.

가장 행복했던 날

제가 지금은 몸무게가 표준에 가깝지만 어렸을 때는 '뚱보'라는 별명을 가질 정도 뚱뚱했습니다. 그러니 달리기를 잘 할 수가 없었습니다. 예전에는 학교 운동회 때 달리기를 하면 적어도 3등은 해야 공책 한 권을 상으로 받았습니다.

저는 혼자 달려서 공책을 받아 본 일이 없습니다. 그래서 운동회 다 끝나고 공책 한 권도 못 받은 사람 손들어 보라고 하면 가서 공책 한 권 받아오는 것이 전부였습니다. 그 당시 저에게는 달리기를 해서 많은 공책을 받는 아이들이 부러움의 대상이었습니다.

그런데 제가 초등학교 6년 동안 운동회를 하면서 유일하게 1등을 해서 공책 3권을 받은 적이 있습니다. 몇 학년 때인지를 확실히 기억이 잘 나지 않는데요. 아버지하고 다리를 묶고 함께 달리는 경기가 있었습니다. 그때 1등을 한 것입니다. 1등을 한 것은 제가 잘 달려서 아니라 저희 아버지가 달리기를 잘했기 때문입니다.

저희 아버지는 마을 달리기 대표 선수였습니다. 저의 힘으로 도저히 등 수 안에 들 수 없는데 아버지가 끌고 가시니까 그것이 가능했던 것입니다. 그날은 저에게 너무나 행복한 날이었습니다.

은혜의 끈은 사람마다 다릅니다

우리는 삶 가운데 있는 은혜의 끈을 귀중하게 여겨야 합니다. 그 은혜의 끈을 통해 하나님께서 나를 끌어당기시면 그냥 끌려가면 됩니다. 그러면 하나님께 새로운 힘을 얻게 됩니다. 세상이 줄 수 없는 위로와 평안을 얻게 되는 것입니다.

은혜의 끈은 사람마다 다를 수 있습니다. 어떤 분에게는 그 은혜의 끈이 질병일 수 있습니다. 질병이 있고 연약한 부분이 있다는 것은 너무나 힘든 일입니다. 하지만 그 연약함이 은혜의 끈이라면 그것이 도리어 축복이 되는 것입니다.

『빙점』이라는 소설로 널리 알려진 분이 미우라 아야꼬 여사입니다. 미우라 아야꼬 여사가 '고통 중에 아파하는 이에게'라는 글을 썼습니다.

나는 청춘의 전부라고 할 수 있는 젊은 시기를 누워 지내야 했습니다. 스물네 살부터 서른일곱 살까지 13년 동안 폐결핵을 앓았습니다. 그 당시만 해도 폐결핵은 불치병이었습니다. 머리부터 허리까지 고스란히 깁스해 놓고 침대에 누워 지내며 타인의 손을 빌려 대소변을 가리는 일까지 맡겨야 했습니다. 매일 천장을 바라보면서 죽음의 공포와 싸워야 했습니다.

그러던 제가 소망을 갖게 된 것은 바로 내 안에 주님이 찾아오셨기 때문입니다. 그러던 중 남편 미우라 미츠요 씨를 만나 결혼하게 되었고, 몸도 기적적으로 나아지고 있었습니다.

그러나 병은 끊임없이 내게 다가와 나를 괴롭게 했습니다. 심장병, 척추 카리에스, 대상포진…. 대상포진은 정말 견딜 수 없는 끔찍한 질병이었습니다. 정말 괴로웠습니다. 온몸에 물집 모양의 발진이 생겼습니다. 나중에는 얼굴에까지 번졌고, 의사는 내가 실명할지도 모른다고 했습니다. 그리고 이 병은 고통이 사라지지 않고, 암세포를 동반하고 있어 암으로 번지게 될 수도 있다고 했습니다.
그러나 의사의 말과는 달리 더 이상 아픔은 없었습니다. 눈도 실명되지 않았습니다. 다만 직장에 암세포가 자랐을 뿐이었습니다. 직장암과의 싸움 이후로 또다시 제게 다가온 파킨슨병은 7년째 저를 괴롭히고 있답니다. 지금은 직접 옷을 갈아입을 수도 없고 자고 일어나는 것 또한 할 수 없게 되었습니다.

그렇지만 저는 압니다. 하나님께서 뭔가 뜻하심이 있다는 것을…. 성경에 '고난 겪는 것이 내게 유익이라 이로 인하여 내가 주의 율례를 배우게 되었나니'(시 119:71)라는 말씀이 있습니다. 생각해 보니 저는 병으로 잃게 된 것은 건강뿐이었습니다. 젊었을 때의 13년간 병치레로 인해 그리스도를 알게 되었고, 누구와도 바꿀 수 없는 남편도 얻었으며, 한 사람이라도 더 많은 사람에게 그리스도를 전하고 싶어 소설도 쓰게 되었습니다. 저의 글을 통해 많은 사람이 진정한 소망을 알게 되었으리라 생각합니다.

그러니 제가 병을 앓게 된 것도, 괴로웠던 것도 모두 유익한 일이 아니겠습니까?

지금 고통 가운데서 괴로워하시는 분이 계신다면 소망을 잃지 마십시오. 주님 안에서 새로운 소망을 찾으십시오. 하나님께서 주시는 큰 능력의 소망을….

미우라 아야꼬 여사가 지은 시 가운데 '아프지 않으면'이라는 시도 있습니다.

아프지 않으면 드리지 못할 기도가 있다.
아프지 않으면 듣지 못할 말씀이 있다.
아프지 않으면 접근하지 못할 장소가 있다.
아프지 않으면 우러러 뵙지 못할 얼굴이 있다.
아아! 아프지 않으면 나는 인간일 수 없다.

미우라 아야꼬 여사가 가졌던 질병의 고통은 너무나 컸습니다. 하지만 그녀는 자신이 가진 질병이 하나님께서 묶어두신 은혜의 끈이라는 것을 알고 있었습니다. 그래서 미우라 아야꼬 여사는 그 은혜의 끈에 묶여 하나님께 끌려가는 것을 유익하다고 말하고 있는 것입니다. 그것이 축복이요 그것으로 인해 하나님께 더 가까이 갈 수 있었음을 고백하고 있습니다.

예수님과 연결해 주는 은혜의 끈이 질병일 수도 있고 가난일 수도 있고 자식일 수도 있습니다. 나를 힘들게 하는 어떤 문제일 수 있습니다. 하나님께서 누구에게도 완벽한 모든 것을 주시지 않았습니다. 우리가 보기에 모든 것이 갖추어진 사람인 것 같아도 그 삶을 들여다보면 무엇인가 부족한 부분이 있습니다. 그 부족한 부분이 은혜의 끈이 될 수 있는 것입니다. 저는 하나님 앞에 기도할 때마다 이런 기도를 드립니다.

'하나님 제가 너무 부족해서 연약해서 기도합니다. 저에 부족함 가운데 하나님의 풍성함을 채워주시고 저의 연약함 가운데 하나님의 강함을 채워주옵소서.'

은혜의 끈이 무엇이든 놓지 않는 것이 중요합니다

은혜의 끈이 무엇이든 중요한 것은 그 은혜의 끈을 놓지 않는 것입니다. 이 은혜의 끈으로 하나님과 연결될 때 우리는 하나님의 이끌림을 받게 되는 것입니다. 신앙이 나태해지지 않을 수 있습니다. 하나님께 더 가까이 갈 수 있는 것입니다. 우리는 하나님을 끌고 가는 인생이 아니라 하나님께 은혜의 끈에 묶여 끌려가는 인생이 되어야 합니다. 곧 하나님의 말씀에 순종하는 인생이 되어야 합니다.

인생을 크게 보십시오.

하나님 없이 이 땅 가운데 잘 되는 인생을 살고 싶으십니까?

아니면 힘든 부분이 있지만, 하나님께서 주시는 은혜의 끈을 붙들고 살아가는 인생이 되고 싶으십니까?

우리는 하나님 앞에 이렇게 기도할 수 있어야 합니다.

"하나님, 제가 기도의 자리, 말씀의 자리, 예배의 자리를 떠나지 않도록 은혜의 끈만은 반드시 남겨두십시오. 저도 저를 못 믿겠습니다. 은혜의 끈으로 나를 꽁꽁 묶어 주십시오."

15.
하나님께 설득당해야 합니다
(출 4:10-17)

 가짜 웃음이 진짜 웃음을 만듭니다

예능 프로그램을 보면 사람들의 가짜 웃음을 계속해서 내보내는 것을 볼 수 있습니다.

왜 그렇게 하는 것일까요?

한마디로 말하자면 가짜 웃음으로 인해서 시청자들의 진짜 웃음을 유도하기 위한 것입니다. 예를 들면 이런 것입니다. 새끼 칠면조가 '칩칩'이라는 소리를 내면, 어미 칠면조는 다른 것을 하다가도 갑자기 모성애를 발휘하여 새끼 칠면조를 정성으로 보살핀다고 합니다.

이 사실을 이용하여 박제된 족제비 속에 녹음기를 설치해서 '칩칩'이라는 소리를 내게 만들면 어미 칠면조는 어떻게 반응을 할까요?

어미 칠면조는 새끼 칠면조의 가짜 소리에도 불구하고 자동으로 모성애라는 테이프를 작동하여 박제된 족제비에게 모성애를 발휘한다는 것입니다. 바로 어미 칠면조와 박제된 족제비의 관계는 가짜 웃음을 사용하고 있는 TV 제작자들과 일반 시청자들과의 관계와 별반 다름이 없다는 것입니다. 사람들은 다른 사람들의 반응에 따라서 언제 웃는 것이 적절할 것인가를 결정하는 데 너무 익숙해져 있습니다.

그래서 나중에는 예능의 질에 따라 반응하는 것이 아니라 그저 웃음소리에 따라 반응하게 된다는 것입니다. 따라서 마치 새끼 칠면조가 없이 '칩칩' 소리만 가지고도 어미 칠면조의 행동을 유도해 낼 수 있는 것처럼, 진정한 유머 없이 '하하'라는 가짜 웃음소리만 가지고도 시청자들의 웃음을 유도해 낼 수 있게 되는 것입니다. 한마디로 시청자들은 가짜 웃음소리에 설득을 당해서 진짜 웃음으로 답례를 하는 것입니다.

삶은 설득의 연속입니다

여자분들 가운데 홈쇼핑을 통해서 물건을 구입하는 경우들이 많습니다. 저도 가끔 홈쇼핑을 통해서 옷을 살 때가 있습니다. 홈쇼핑을 진행하는 쇼호스트를 보면 사람의 심리를 잘 이용한다는 생각이 듭니다.

주로 그분들이 많이 사용하는 문장들이 무엇입니까?

"마지막 찬스입니다. 이번 기회를 놓치면 후회할 것입니다."

"주문 전화가 쇄도하고 있습니다. 조금 있으면 매진될 것 같습니다."

이런 이야기들을 들으면 아주머니들의 마음이 급해집니다. 지금 정말 안 사면 못 살 것 같습니다. 그래서 급하게 전화해서 주문합니다. 결국, 쇼호스트들에게 설득을 당한 것입니다. 이외에도 우리는 알게 모르게 수많은 설득을 당하며 살아갑니다.

어쩌면 사람의 삶은 설득의 연속이라고 할 수 있습니다. 상대방을 설득시키기도 하고 설득을 당하기도 합니다. 이것을 달리 표현하자면 사람은 설득시키지 않으면 설득당하며 살아가게 됩니다. 사전에 보면 설득을 이렇게 정의를 해 놓았습니다.

"상대편이 이쪽 편의 이야기를 따르도록 여러 가지로 깨우쳐 말함."

하지만 참다운 설득은 내 이야기를 따르도록 일깨우는 것이 아니라 서로의 마음이 통해 공감하는 데 있습니다.

아리스토텔레스의 수사학

설득하면 제일 먼저 떠오르는 철학자 한 명이 있습니다. 바로 아리스토텔레스입니다. 아리스토텔레스는 수사학의 정의를 다음과 같이 내리고 있습니다.

"수사학이란 어떤 특정 주제를 받아들이도록 설득하는 힘(power)에 관한 학문이다."

그러면서 아리스토텔레스는 설득의 3요소를 이야기합니다.

첫째, 로고스(logos)입니다.

로고스(logos)에서 원래 'log'는 통나무를 의미합니다. 종이가 발명되기 전에 옛사람들은 통나무에 글자를 새겨 넣었습니다. 여기서 비롯된 말인 'logos'는 '글,' '논리'를 지칭합니다. 좀 더 자세히 말하자면 '상대방에게 명확한 증거를 제공하기 위한 논리'를 일컫는 것입니다.

아리스토텔레스는 인간이 이성적인 존재이기 때문에 무언가를 결정할 때 합리적인 이치에 근거한다고 보았습니다. 한마디로 말이 되는 소리를 해야 상대방을 설득시킬 수 있다는 것입니다. 예를 들어 "이재영 목사가 아무리 멋있는 목사"라고 소리 높여 이야기를 해도 이재영 목사가 왜 멋있는 목사인지에 대한 근거를 제시하지 못하면 사람들은 설득되지 않는다는 것입니다.

둘째, 파토스(pathos)입니다.

파토스는 듣는 사람의 심리상태를 말합니다. 즉, 파토스는 상대의 감성을 잘 터치해야 한다는 것입니다. 상대방의 심리나 감정 상태는 설득에 큰 영향을 미칩니다. 사람이 기쁘고 호감을 느낄 때 판단하는 것과 고통과 적의를 느낄 때 판단하는 것은 다릅니다. 그러므로 상대방의 감성을 잘 파악해서 설득해야 한다는 것입니다.

셋째, 에토스(ethos)입니다.

에토스는 설득하는 사람의 고유한 성품이나 매력이나 진실성을 의미합니다. 아리스토텔레스는 기본적으로 사람들이 상대를 신뢰해야만 설득할 수 있다고 했습니다. 즉, 내가 누군가를 좋아하고 신뢰한다면, 그 사람이 비록 논리가 좀 떨어져도 예민하게 내 상황을 파악하지 못해도 그 사람에게 설득될 수 있다는 것입니다.

아리스토텔레스는 설득하는 데 있어서 비중을 로고스 10%, 파토스가 30%, 에토스가 60%이라고 이야기하면서 설득하는데 에토스가 가장 중요하다고 말합니다.

하나님께는 100% 설득당해야 합니다

분명히 다른 사람을 설득하기 위해서는 이런 설득의 요소들을 잘 활용해야 합니다. 저는 나름대로 설교에 대한 정의를 여러 가지를 가지고 있는데. 그중의 하나가 바로 '설교는 설득이다'라는 것입니다.

제가 설교를 통해서 성도를 설득시켜야, 성도가 설교를 들은 대로 살려고 하시지 않겠습니까?

그래서 저는 아리스토텔레스가 말한 설득의 요소를 활용하기도 합니다. 우리가 이 세상 속에서는 설득을 당하기도 하고 설득도 해야 하지만, 하나님과 관계에서는 오직 한 가지만 하면 됩니다. 그것은 하나님께 설득당하는 것입니다. 그것도 99%가 아니라 100% 설득당하는 것입니다. 우리는 결코 하나님을 설득시키려고 하면 안 되고 하나님께 무조건 설득을 당해야 합니다. 그것이 바로 믿음입니다.

하나님을 설득시키려는 모세

모세는 하나님을 설득하려고 했습니다. 하나님께서는 40년 동안 모세를 광야에서 훈련시키신 이후에 그를 출애굽의 지도자로 세우기 위해 찾아오십니다. 하나님께서는 모세를 설득시키기 위해서 표적도 보여주시고 능력을 주시겠다고 말씀하셨습니다.

그런데 모세는 자신의 약점이 말을 잘 못하는 것이라고 하면서 할 수 없다고 말을 합니다. 이스라엘 백성들을 이끄는 지도자가 되고 백성을 대표해서 애굽 왕에게 가서 말을 하려면, 말을 잘해야 하는데 자신은 말을 잘 못 한다는 것입니다. 여기서 모세가 말을 못 한다는 것은 말하는 것이 어눌하다는 의미가 아닙니다. 능변가처럼 말을 잘 못 한다는 것입니다.

유대 전승에 의하면 모세가 순음을 발음하는 것이 조금 정확하지 않아서 말을 조금 느리게 했다고 합니다. 이 문제에 대해 하나님은 친절하게 모세에게 답변을 해 주십니다.

> 여호와께서 그에게 이르시되 누가 사람의 입을 지었느냐 누가 말 못하는 자나 못 듣는 자나 눈 밝은 자나 맹인이 되게 하였느냐 나 여호와가 아니냐 이제 가라 내가 네 입과

함께 있어서 할 말을 가르치리라(출 4:11-12).

모세는 이미 하나님께서 이스라엘 백성을 이끌어내기 위해서 바로에게 가라고 말씀하실 때부터 솔직히 가기 싫었습니다. 그 이유는 정말 자신이 너무 초라하고 아무런 힘이 없는 사람이고 부족한 사람이라고 생각했기 때문입니다. 출애굽의 지도자가 될 만한 자격이 없다고 생각했기 때문입니다.

그래서 모세는 하나님께서 대답하시기 어려울 것 같은 질문도 하고, 자신은 말을 못하는 사람이라 안 된다고 변명을 하는 것입니다. 그럼에도 불구하고 하나님께서는 끝까지 친절하게 모세의 질문에 대답해 주시고 걱정하지 말고 가기만 하면 다 책임지시겠다고 말씀하십니다. 모세는 더 이상 핑계를 댈 것이 없었습니다. 하나님 앞에서 이제 진짜 속에 있는 말을 합니다.

모세가 이르되 오 주여 보낼 만한 자를 보내소서(출 4:13).

그동안 그렇게 친절하게 대답하셨던 하나님이 이 대답을 듣고, 모세에게 화를 내고 계십니다. 하나님이 폭발하신 것입니다. 하나님이 모세를 낮추시기 위해서 미디안 광야에서

40년간을 지내게 하셨지만, 모세가 자기를 낮추는 정도가 아니라 아예 못하겠다고 하니 하나님이 화가 나신 것입니다. 결국, 모세는 하나님의 명령을 따라 출애굽의 지도자로 가게 됩니다.

지금 이 장면을 보면서 어떤 생각이 드십니까?

왠지 거꾸로 된 것 같지 않습니까?

지금 모세는 하나님께 설득당하려고 하는 것이 아니라 하나님을 설득시키려고 기를 쓰고 있습니다. 이 장면을 보면서 모세가 그렇게 했으니까 나도 하나님 앞에 그렇게 해야겠다고 마음먹으면 안 됩니다. 우리가 모세와 똑같이 하면 하나님께서는 똑같이 화를 내실 것입니다.

우리는 어떤 상황 가운데 놓여 있을지라도 하나님을 설득하려고 하는 것이 아니라 하나님께 설득당해야 합니다. 하나님의 말씀에 순종해야 합니다. 핑계를 대서는 안 됩니다.

하나님께 설득당해야 하는 이유

그런데 하나님께 설득을 당해야 하는 이유가 무엇일까요?

하나님이 우리의 아버지이기 때문입니다. 부모는 자식에게 가장 좋은 것을 주기를 원합니다. 나는 못 먹어도 내 새끼는 먹이고 싶은 것이 부모의 마음입니다. 자식을 위해서

라면 이 한 몸 희생할 각오가 되어있습니다.

부모가 자식에게 왜 야단을 칩니까?

자식 잘 되라고 그러는 것입니다. 부모의 마음은 온통 자식에게 가 있습니다. 물론 때로 육신의 부모는 자식의 마음을 다 헤아리지 못할 때가 있습니다. 부모입장에서만 생각해서 정말 자식에게 필요한 것이 무엇인지 모를 때도 있습니다. 비록 부모이지만 인간이 가지는 한계가 있습니다.

하지만 하나님 아버지는 그렇지 않습니다. 하나님은 우리를 만드신 분이십니다. 나보다 나를 더 잘 아시는 분이십니다. 그러므로 하나님은 우리에게 가장 좋은 것이 무엇인지를 아십니다. 우리가 어떻게 살아야 하는지를 아십니다. 우리가 가진 문제의 해답이 무엇인지를 아십니다.

우리가 전문가의 말에 공감하고 설득당하는 이유가 무엇입니까?

말 그대로 그들은 그 분야의 전문가이기 때문입니다. 나는 그 분야에 대해 잘 모르지만, 전문가들은 그 분야의 전문가이기 때문입니다. 우리가 전문가의 말에도 설득을 당한다면 우리를 만드시고 우리를 가장 잘 아시는 하나님께 설득당해야 하는 것은 당연합니다.

> 이는 내 생각이 너희의 생각과 다르며 내 길은 너희의 길과 다름이니라 여호와의 말씀이니라 이는 하늘이 땅보다 높음같이 내 길은 너희의 길보다 높으며 내 생각은 너희의 생각보다 높음이니라(사 55:8-9).

우리의 생각과 하나님의 생각은 차원이 다릅니다. 곧 하나님께서는 우리의 생각 위에서 생각하시는 분이십니다. 우리를 뛰어넘으시는 분이십니다. 그러므로 우리는 하나님을 설득시키려고 하는 것이 아니라 하나님께 설득당해야 합니다.

하나님께 윽박지르면 안 됩니다

그리스도인 가운데는 하나님께 자기 생각을 내세우며 원하는 것을 달라고 윽박지르며 기도하는 사람이 있습니다. 이것은 잘못된 기도의 자세입니다. 우리는 때로 작정 기도를 할 때가 있습니다. 보통 작정 기도를 하는 이유는 어떤 문제를 만나거나 중요한 결정을 해야 할 때 종종 합니다. 전부가 그런 것은 아니지만 작정 기도를 하면서 하나님을 협박하는 사람이 있습니다.

"하나님 한 달간만 시간 드리겠습니다. 이제 10일 지났는데 앞으로 20일 남았습니다. 오늘 10일인 거 아시죠. 작정 기도 날짜가 다 되어 갑니다."

이렇게 계속 하나님을 윽박지릅니다. 심지어 이렇게까지 하는 사람도 있습니다.

"하나님이 이렇게 나오시면 재미없습니다. 저 그러면 아무것도 안 할 겁니다."

왜 이렇게 하나님과 거래를 하려고 하는 것일까요?

하나님을 설득시키려고 하는 이유가 무엇일까요?

그것은 그 사람 속에 깨어지지 않은 자아가 있기 때문입니다. 자신의 주장, 자기 뜻이 너무 강하기 때문입니다. 그래서 하나님께 그것을 관철시키려고 억지를 부리고, 무리수를 두게 되는 것입니다.

고집 센 노새가 아니라 순한 양이 되어야 합니다

성경은 믿는 사람을 '순한 양'에 비유를 합니다. 그런데 우리는 순한 양보다 아직도 고집 센 노새 같을 때가 많습니다. 웬만해서는 자기 뜻을 꺾지 않으려고 합니다. 하나님께서 좋은 길로 인도하시고 좋을 것을 주시면 생글생글 웃으면서 "역시 하나님은 살아계신 하나님이십니다"라고 외칩니다.

하지만 일이 잘 풀리지 않으면 교회 들어올 때부터 인상이 좋지 않습니다. 예배도 제대로 드리지 않습니다. 하나님을 원망하기도 합니다. 우리는 고집 센 노새가 아니라 하나님의 순한 어린 양이 되어야 합니다. 내가 하나님을 설득시키는 것이 아니라 하나님께서 주신 뜻을 받아들여야 합니다.

가만히 생각해 보십시오.

우리가 하나님께 "하나님, 이렇게 해야 합니다"라고 말하는 것 맞습니까?

아니면 수용적인 자세로, "하나님의 뜻을 보여주십시오. 하나님 인도해 주십시오. 순종하겠습니다"라고 말하는 것이 맞습니까?

당연히 후자가 맞습니다.

주님의 그릇이 되어야 합니다

하나님께서 주시는 것이 많으면 많을수록 내 안은 생명으로 충만해집니다. 디모데후서 2장에서는 사람을 그릇으로 비유하고 있습니다. 그릇은 잘 담아내는 특성이 있습니다. 그릇은 무엇을 채우느냐에 따라 그 속성이 달라집니다. 밥을 채우면 밥그릇이 되고 국을 채우면 국그릇이 됩니다. 금을 채우면 금 그릇이 되지만 똥을 채우면 똥 그릇이 됩니다.

그러므로 어떤 그릇이냐보다 그 그릇에 무엇을 채웠느냐가 중요한 것입니다.

우리는 주님의 그릇이 되어야 합니다. 주님께서 부어주시는 것을 그릇에 채워야 합니다. 이렇게 믿음이라는 것은 그릇처럼 수용하는 것입니다. 내가 하나님을 설득하는 것이 아니라 하나님께 설득당하는 것이 믿음입니다. 하나님께 설득당할 때 그 속에 진정한 치유가 일어납니다. 내 삶의 변화가 일어나는 것입니다.

하나님의 말씀을 받아들여야 합니다

청년사역을 할 때 보면 믿지 않는 형제나 자매와 교제를 하다가 끝내 결혼을 하겠다고 하는 청년들이 있었습니다. 이 청년들은 어김없이 자기 뜻을 내세웁니다.

"하나님, 결혼해서 전도하면 되는 것 아닙니까?

이렇게라도 결혼해서 영혼을 구원해야 하는 것 아닙니까?"

언뜻 보면 맞는 말 같습니다. 하지만 성경은 이렇게 말씀하고 있습니다.

믿지 않는 자와 멍에를 함께 메지 말라(고후 6:14).

성경이 이렇게 말씀하시는데도 잘 받아들이지 않습니다. 자기 뜻이 맞다고 주장하면서 끝까지 갑니다. 거기에서부터 문제가 발생합니다.

가인과 다윗을 생각해 보십시오. 둘 다 하나님 앞에서 죄를 범했습니다. 그러나 명백한 차이가 있습니다. 가인은 아벨을 돌로 쳐 죽이고 하나님께서 아벨을 찾으셨을 때 이렇게 반문합니다.

> 하나님 내가 알지 못하나이다 내가 내 아우를 지키는 자입니까?(창 4:9)

오히려 가인은 하나님을 설득시키려 하고 하나님을 속이고 있습니다. 반면에 다윗을 보십시오.

다윗은 밧세바를 범하는 죄를 지었지만 나단 선지자가 와서 "당신이 바로 범죄 한 그 사람입니다"라고 했을 때 어떻게 반응합니까?

"내가 여호와께 죄를 범하였습니다"(삼하 12:13)라면서 하나님 앞에 고꾸라져서 회개합니다. 바로 이 차이입니다. 다윗이 인생을 잘 살았다는 말이 아니라 그는 하나님의 말씀을 받아들였습니다.

인생을 야구에 비유한다면, 내 인생의 투수는 내가 아닙니다. 내가 던지고 싶은 대로 던질 수 있는 것이 아닙니다. 우리는 포수입니다. 우리는 주님께서 이쪽으로 보내셨으면 좋겠다는 사인 정도를 보낼 수 있지만 던지는 것은 투수 마음입니다. 곧 우리 주님 마음입니다. 우리가 포수라면 우리가 해야 할 일은 주님께서 던지는 공을 잘 받아야 합니다. 하나님의 말씀과 뜻에 순종하는 '영적 포수'가 되어야 합니다. 하나님께 설득당해야 합니다.

하나님께 설득당하기 위해서 해야 할 일

하나님께서 설득당하기 위해 해야 할 일이 있습니다. 그것은 내가 하나님의 도구라는 것을 인정하는 것입니다. 모세는 아직 자아가 덜 깨어졌습니다. 그래서 끝까지 하나님께서 쓰시겠다고 하는데도 버티는 것입니다. 결국, 할 말이 없으니까 하나님께 '보낼 만한 자를 보내소서'라고 하는 것입니다.

모세는 하나님의 도구라는 사실을 알지 못했습니다. 자신이 무엇인가를 해야 한다고 생각했습니다. 그러나 자기 자신을 아무리 둘러보아도 출애굽의 지도자가 될 만 자격이 안 되는 것입니다. 도구는 말 그대로 도구일 뿐입니다.

도구는 그 도구를 쓰는 사람이 알아서 하는 것입니다. 마찬가지입니다.

하나님께서 '나'라는 도구를 쓰시겠다고 하시면 어떻게 해야 합니까?

내가 생각하기에 부족하다고 생각해도 "예, 하나님이 나를 쓰십시오"라고 대답하면 됩니다. 우리가 하나님의 도구라고 하는 것을 다르게 표현하자면 그리스도의 종이라는 뜻입니다. 종은 자신의 의지가 없습니다. 종은 주인이 하라고 하는 대로 순종할 따름입니다. 그것이 머리로 이해가 되든 안 되든, 그것이 공감되든 안 되든 순종해야 합니다. 그것이 종의 자세입니다. 우리는 그리스도의 종입니다.

손양원 목사님은 자기 아들 둘을 죽인 원수와 같은 자를 양아들로 삼으신 분이십니다. 손양원 목사님의 따님인 손동희 권사님의 간증 가운데 보면 중학생 때 아버지가 그 사람을 양자 삼겠다고 할 때 기절초풍하는 줄 알았답니다. 손동희 권사님은 아버지께 울면서 이렇게 말을 했다고 합니다.

아버지는 왜 그렇게 별나게 믿어야 하나요?
그 사람이 이제 내 오빠가 된다는 말입니까?
나는 도무지 용납할 수 없어요.

그때 손양원 목사님은 딸을 설득하며 이렇게 이야기를 했다고 하십니다.

> 내가 일제 강점기 5년간이나 가족을 고생시켜가며 감옥 생활을 견딘 것은 우상 숭배하지 말라는 주님의 계명을 어기지 않으려고 한 일이었다.
> 동희야, 제1계명, 제2계명이 하나님의 명령이라면 원수를 사랑하라는 말씀도 똑같은 하나님의 명령인데 어느 것은 순종하지 않는다면 그보다 더 큰 모순이 어디 있겠니?
> 원수를 사랑하라는 말씀에 순종하지 않으면 과거 5년 동안 감옥 생활한 것이 모두 헛수고요, 너희를 고생시킨 것도 헛고생이 되느니 나는 여기서 넘어질 수 없구나.
> 두 오빠는 천국 갔으나 그를 죽인 자는 지옥 갈 게 분명한데 전도하는 목사로서 그 사람이 지옥 가는 것을 어떻게 보고 있으란 말이냐.

손양원 목사님이 가졌던 이 마음이 비정상적입니까?

그렇지 않습니다. 손양원 목사님은 하나님을 설득시키려고 하지 않았습니다.

"하나님 내가 어떻게 내 아들을 둘이나 죽인 원수를 사랑할 수 있습니까?"

따지지 않았습니다. 원수까지도 사랑하라는 주님의 말씀에 설득당한 것입니다. 손양원 목사님은 자신이 그리스도의 종이라는 사실을 확신하고 있었습니다.

예수님도 하나님을 설득하려고 하시지 않으셨습니다. 오직 하나님의 뜻에 순종하셨습니다. 예수님께서는 제자들에게 이런 말씀을 하셨습니다.

> 나의 양식은 나를 보내신 이의 뜻을 행하며 그의 일을 온전히 이루는 이것이니라(요 4:34).

예수님은 자신의 양식이 하나님의 뜻을 온전히 이루는 것이라고 말씀하십니다. 우리는 날마다 양식을 먹어야 살 수 있습니다. 곧 예수님은 자신의 삶의 이유가 하나님의 뜻을 이루는 데 있었다는 것입니다. 그래서 예수님은 마지막 십자가의 죽음을 앞두시고도 하나님의 뜻을 구하셨고 그 뜻에 순종하셨습니다.

하나님을 설득시키시려고 고집 피우지 마십시오.

하나님의 말씀에 설득당하십시오.

그것이 믿음입니다. 그것이 우리가 사는 길입니다.